poesia visual
brasileira e argentina

poesia visual
brasileira e argentina
uma antologia

julio mendonça & claudio mangifesta

org.

LARANJA ● ORIGINAL

© 2023 Julio Mendonça e Claudio Mangifesta
© 2023 Autores

capa/projeto gráfico
André Vallias

edição
Filipe Moreau

produção executiva/revisão
Bruna Lima

agradecimentos especiais a
Germana Zanettini

Dados Internacionais de Catalogação na Publicação (CIP)
(Câmara Brasileira do Livro, SP, Brasil)

Poesia visual : brasileira e argentina : uma antologia / Julio Mendonça, Claudio Mangifesta (org). -- São Paulo, SP : Editora Laranja Original, 2023.

Vários autores.
ISBN 978-65-86042-75-7

1. Poesia brasileira - Coletâneas 2. Poesia visual brasileira I. Mendonça, Julio. II. Mangifesta, Claudio.

23-164347   CDD-B869.108

Índices para catálogo sistemático:

1. Poesia : Antologia : Literatura brasileira B869.108

Tábata Alves da Silva – Bibliotecária – CRB-8/9253

Laranja Original Editora
Rua Capote Valente, 1198
05409-003 São Paulo SP
Tel. 11 3062-3040
contato@laranjaoriginal.com.br
www.laranjaoriginal.com.br

sumário

intro — 7

poetas — 9

poemas — 13

textos

    **poesia visual e experimental:
um elo entre argentina e brasil**
claudio mangifesta — 209

    **a poesia visual
e a experiência que não tem nome**
julio mendonça — 214

bios (obras/índice) — 219

intro

em julho de 2022, nos conhecemos pessoalmente em são paulo, conversamos sobre poesia e trocamos livros.
começou ali um diálogo sobre a ideia de uma antologia de poesia visual de nossos países — esta que agora se concretiza e que apresentamos. durante as semanas seguintes, trocamos impressões sobre como o livro deveria ser.

así fueron invitados 24 poetas visuales experimentales por cada país (48 en total) a enviar tres poemas visuales cada uno.
se convocó a poetas que estén vivos y actualmente activos en este campo de trabajo. nos interesaba particularmente la presencia, el juego y la mixtura de ambas lenguas: el portugués y el español, y se pensó también en la posibilidad de realizar dos ediciones en simultáneo, por dos sellos editoriales, una por cada país.

brasil e argentina têm contribuições importantes na poesia visual internacional e um histórico de contatos e diálogos, mas o público em geral conhece pouco a respeito dessa história. difundir a criação poética visual de alguns dos mais relevantes poetas desses países e ampliar os contatos e os diálogos são as principais motivações desta antologia.

agradecemos a filipe moreau, germana zanettini e bruna lima, da editora laranja original, que aceitaram a proposta de editar a antologia no brasil e contribuíram de vários modos para sua realização. somos gratos, também, a andré vallias, omar khouri, gustavo nóbrega, franklin valverde, juliana pondian e anderson gomes por terem colaborado muito gentilmente.

también nuestro mayor agradecimiento a diego lazcano
de arset ediciones que aceptó la aventura de esta nueva
publicación en argentina.

es, para nosotros, motivo de una gran alegría realizar este libro reuniendo a
poetas de los dos países. les agradecemos,
muy especialmente, también a cada uno de los poetas visuales
y experimentales participantes. celebramos la llegada
de este libro y esperamos, querido lector/espectador,
que pueda disfrutar de él.

                        julio mendonça e/y **claudio mangifesta**

poetas

augusto de campos 14

marie orensanz 18

neide dias de sá 22

luis pazos 26

villari herrmann 30

horacio zabala 34

omar khouri 38

hilda paz 42

sonia fontanezi 46

claudio mangifesta 50

paulo miranda 54

sergio bonzón 58

almandrade 62

belén gache 66

lenora de barros 70

fabio doctorovich 74

marcelo tápia 78

samuel montalvetti 82

walter silveira 86

javier robledo 90

tadeu jungle 94

ladislao pablo györi 98

julio mendonça 102

gabriela alonso 106

ana aly 110

diego axel lazcano 114

franklin valverde 118

hugo masoero 122

arnaldo antunes 126

maría paula doberti 130

gastão debreix 134

débora daich 138

gil jorge 142

alejandro thornton 146

andré vallias 150

omaromar 154

avelino de araújo 158

ro barragán 162

elson fróes 166

ana verónica suárez 170

marcello sahea 174

ivana vollaro 178

gab marcondes 182

ariel gangi 186

anderson gomes 190

silvio de gracia 194

gabriel kerhart 198

daniela mastrandrea 202

poemas

augusto de campos
são paulo 1931

o pulsar 1975

anticéu 1984

poema-bomba 1987

·ND★   QU★R   QU★   V·C★   ★S T ★JA

★M   MART★   ·U   ★LD·RAD·

ABRA   A   JAN★LA   ★   V★JA

•   PULSAR   QUAS★   MUD•

ABRAÇ•   D★   AN•S   LUZ

QU★   N★NHUM   S•L   AQU★C★

★   ●   •C•   ★SCURO   ★SQU★C★

cego   do   falso   brilho

das   estrelas   que   escondem

absurdos   mundos   mudos

mergulho   no   anticéu

brancas   no   branco   brilham

ex estrelas   em   braille

palavras   sem   palavras

na   pele   do   papel

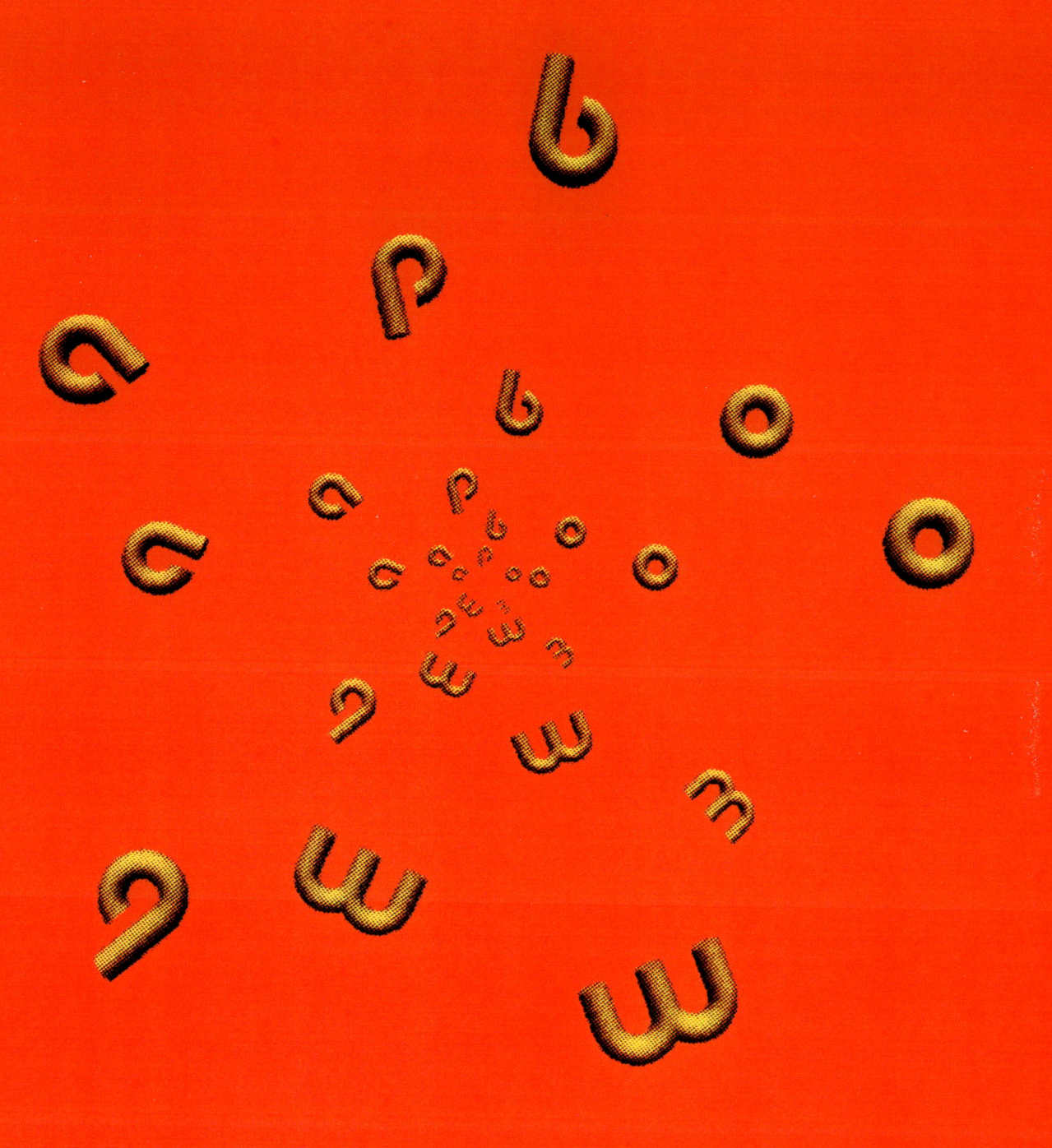

marie orensanz
mar del plata 1936

pensar é um fato revolucionário 1999

cada um joga seu próprio jogo 2002

fraternidade 2004

pensar
es un
hecho
revol
ucion
ario

neide dias de sá
rio de janeiro 1940

a corda 1967

transparência 1968

transluz 1973

luis pazos
la plata 1940

o beijo 1967

som quebrado 1967

você está demitido 2020

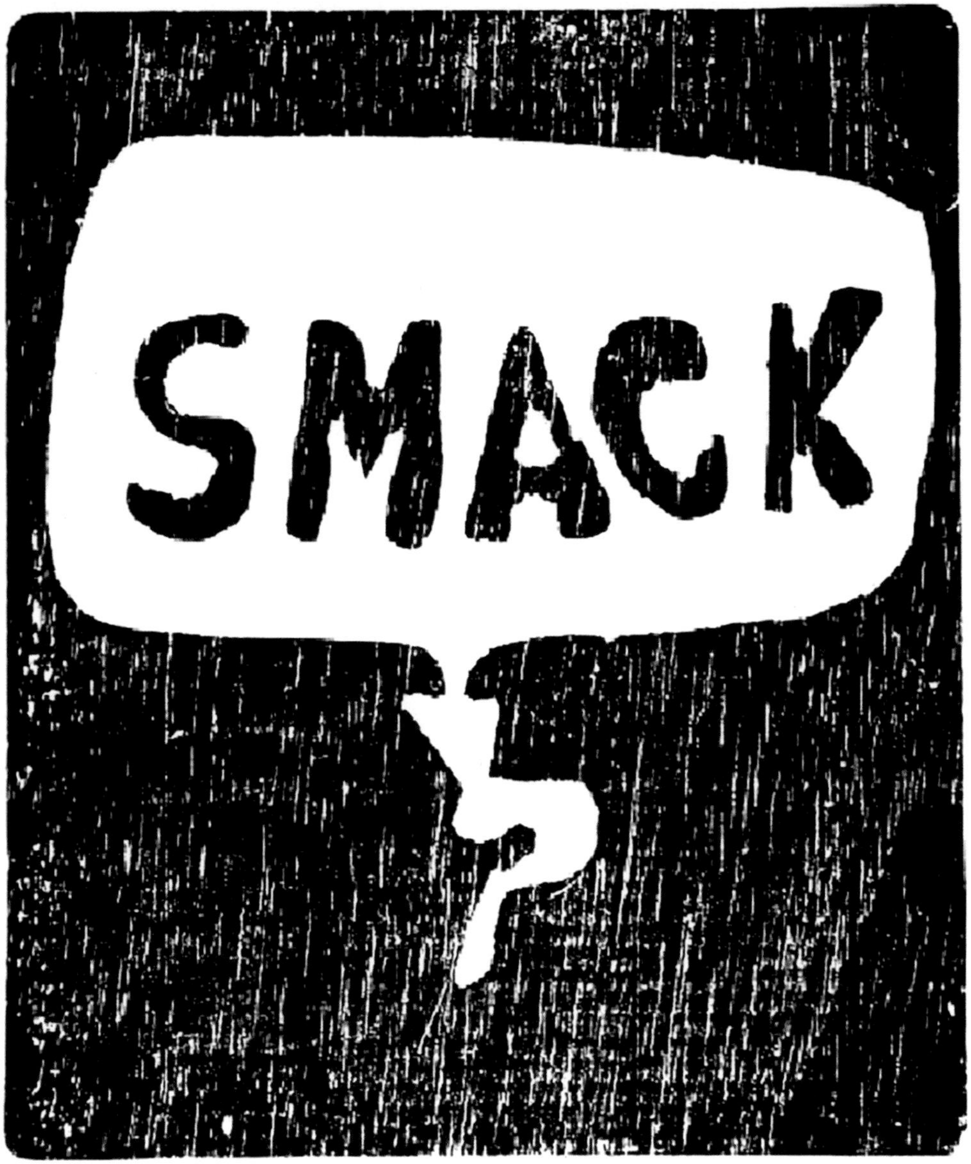
SMACK

scratcht
TRIC
r'a-RIP
cri'uNCH
FRAKKK

villari herrmann
são carlos (sp) 1943

koito 1971

sombras 1974

sem título 1981

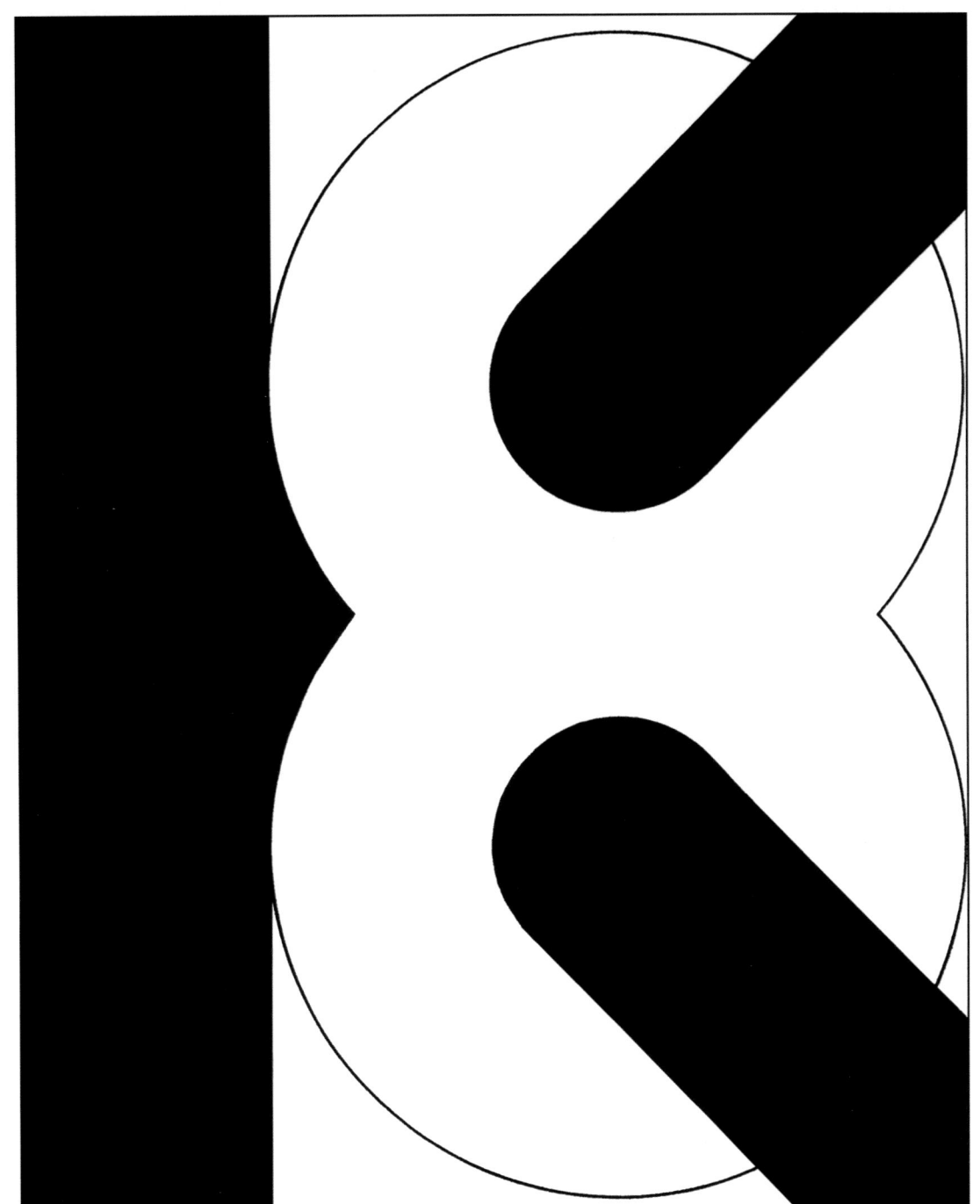

SOMBRAS

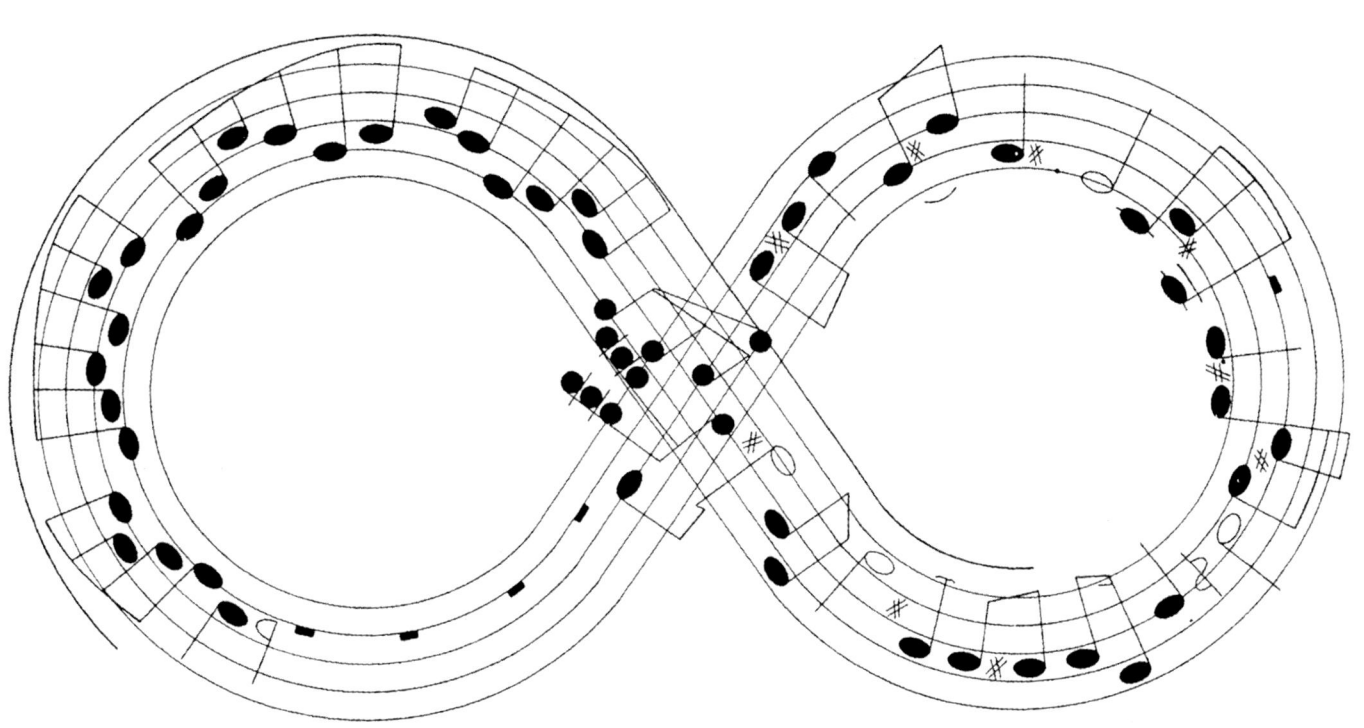

horacio zabala
buenos aires 1943

hipótese XXII 2010

hipótese XII 2010

a queda dos quatro pontos cardeais 2015

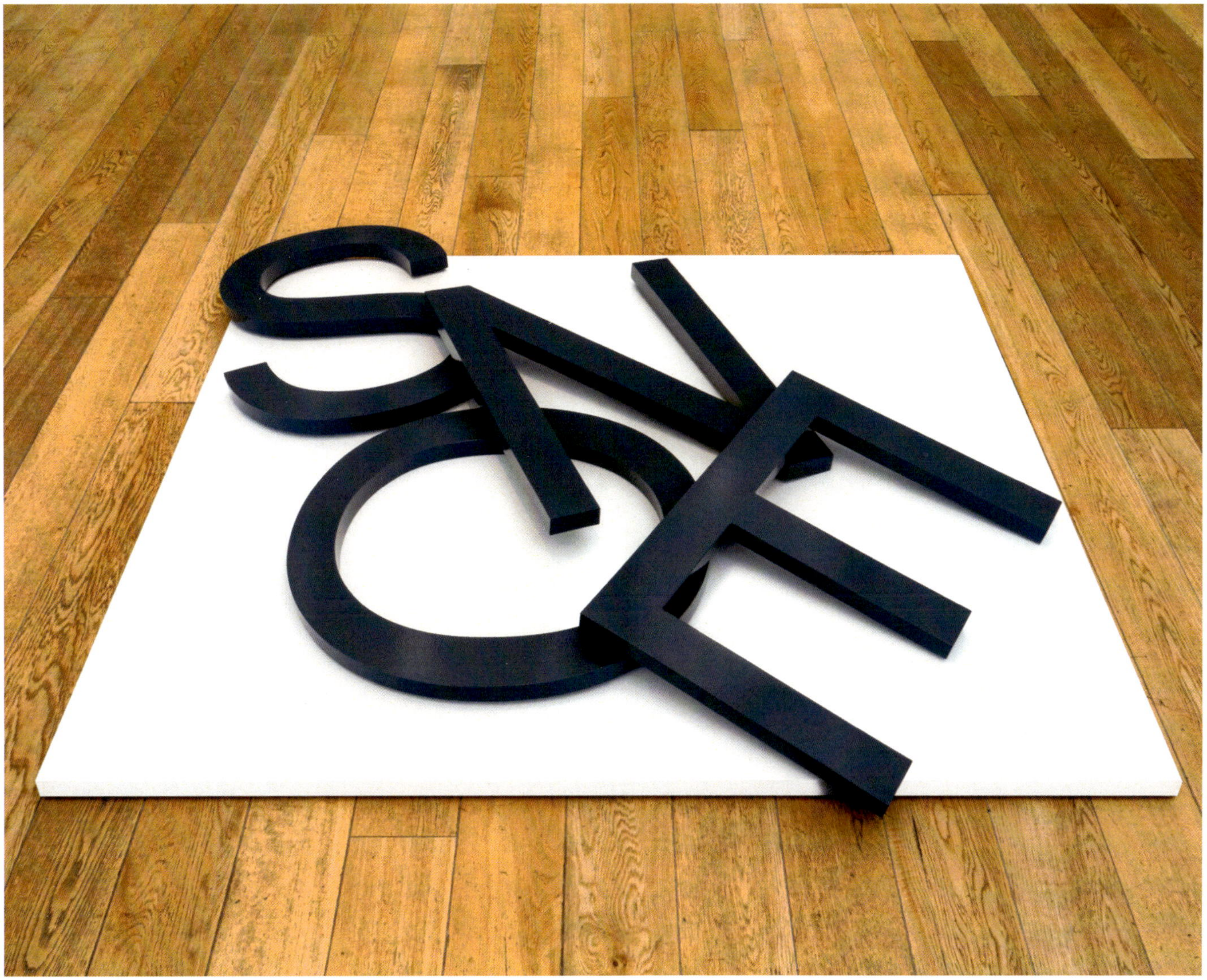

omar khouri
pirajuí (sp) 1948

erotografias 1975

sem título 1976

traduttore traditore 2015

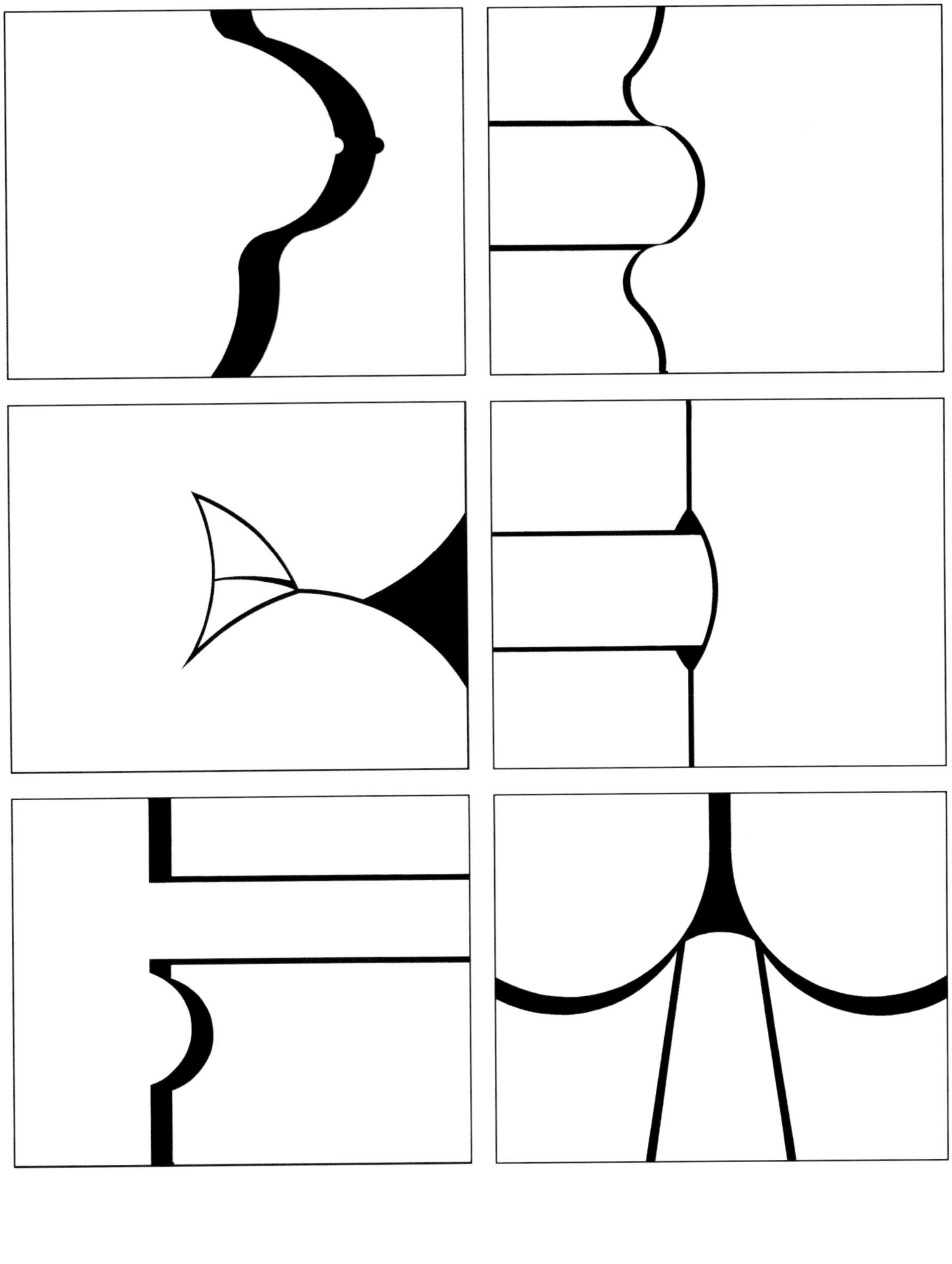

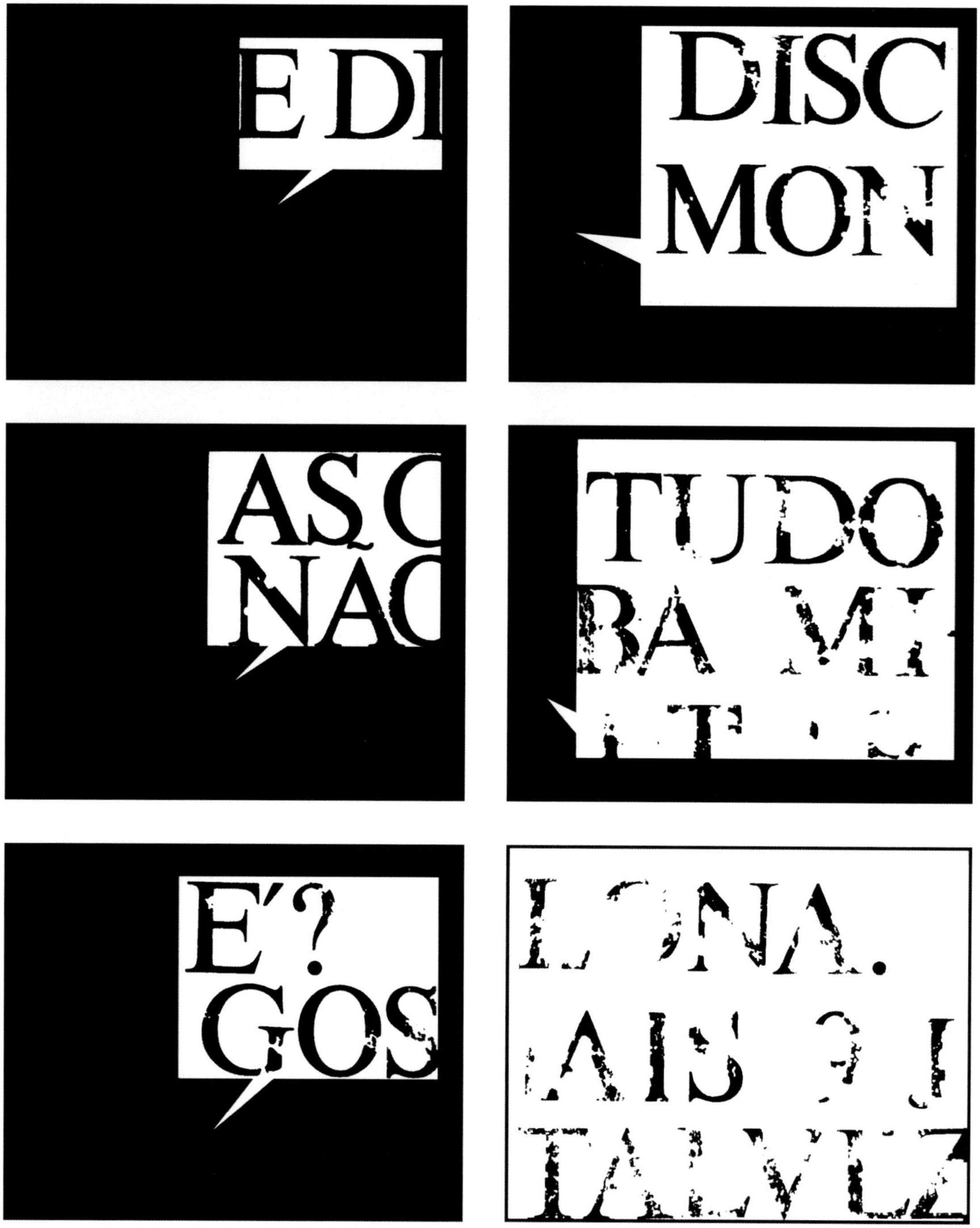
EDI
DISC
MON
TUDO
E'?
GOS

TRADUTTORE TRADITORE

hilda paz
buenos aires 1950

palestina 2020

o exterior 2021

espaço 2022

NOCHE SOBRE PALESTINA

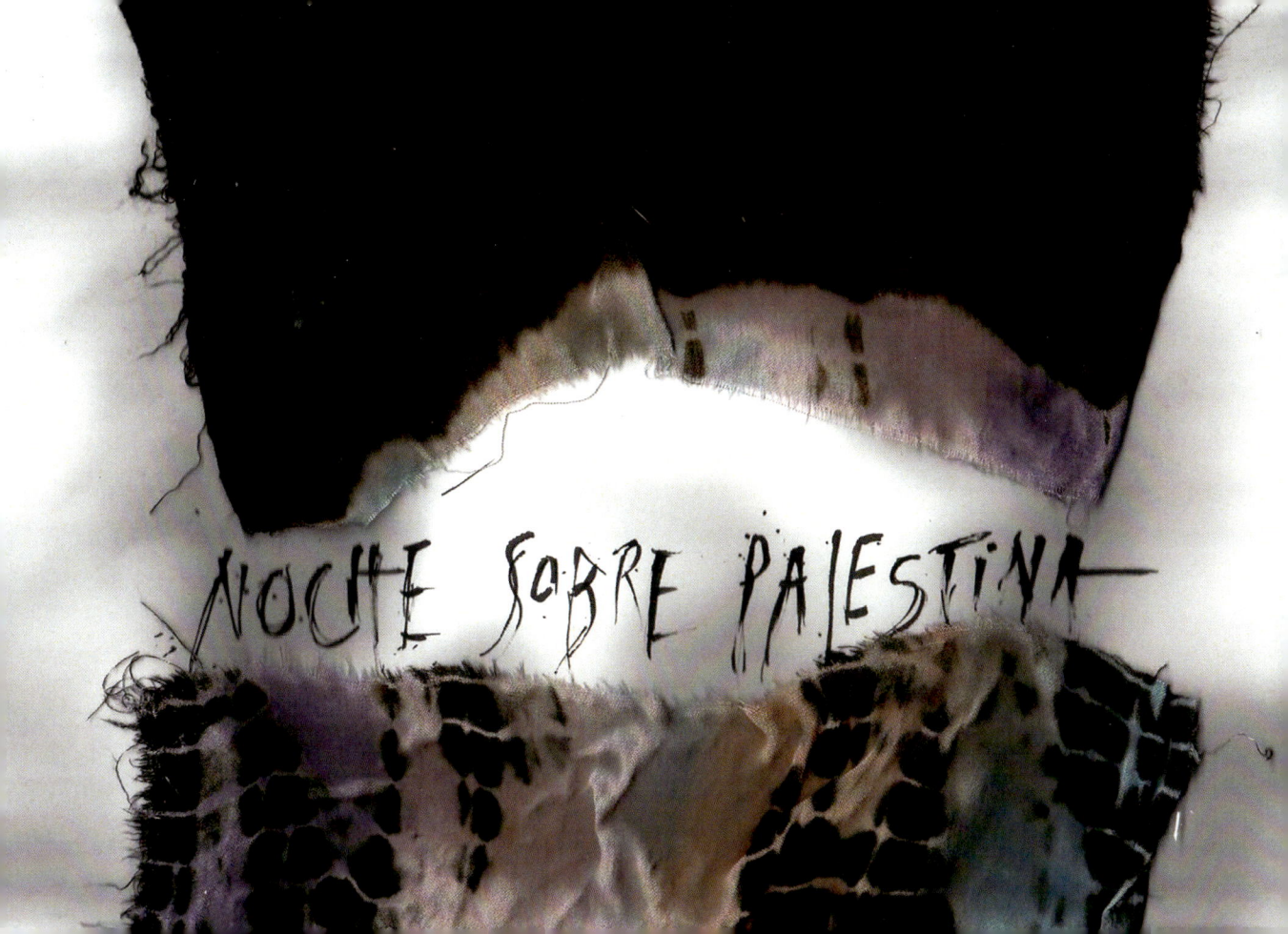

EL TIEMPO FUERA DE SÍ

MEMOrIA

sonia fontanezi
são paulo 1948

atravessa 1981

azul 1988

love letter to gutenberg 2017

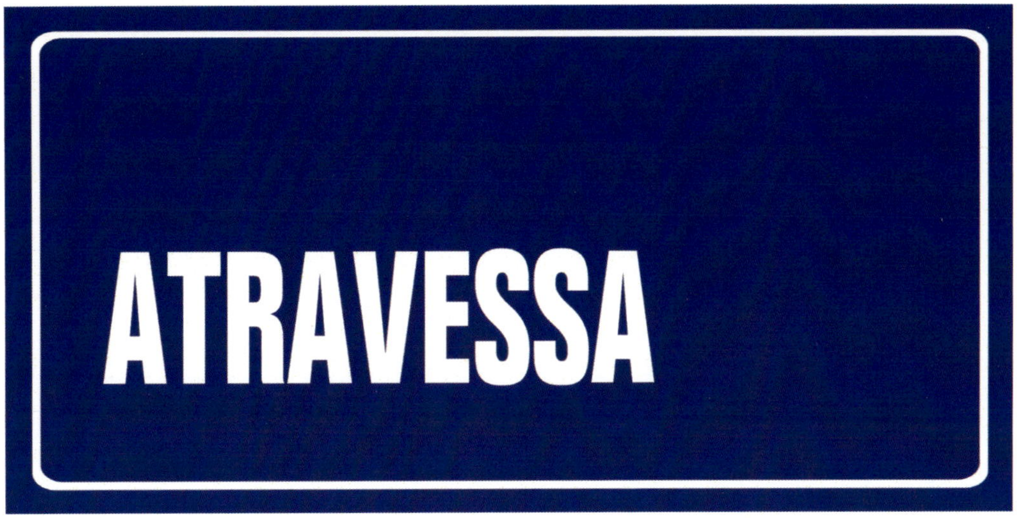
ATRAVESSA

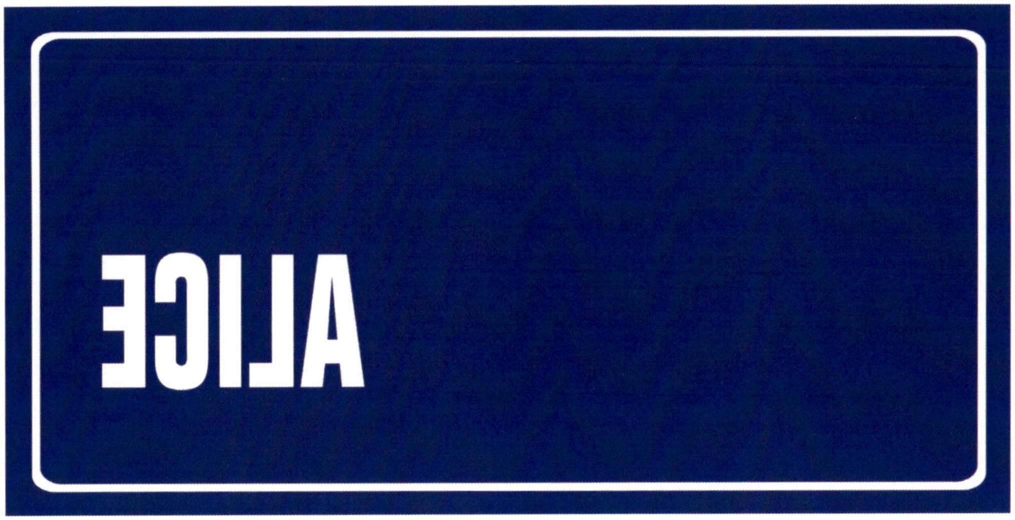
ALICE

AZUL ERA O CÉU DE QUANDO EU TINHA MINHA MÃE

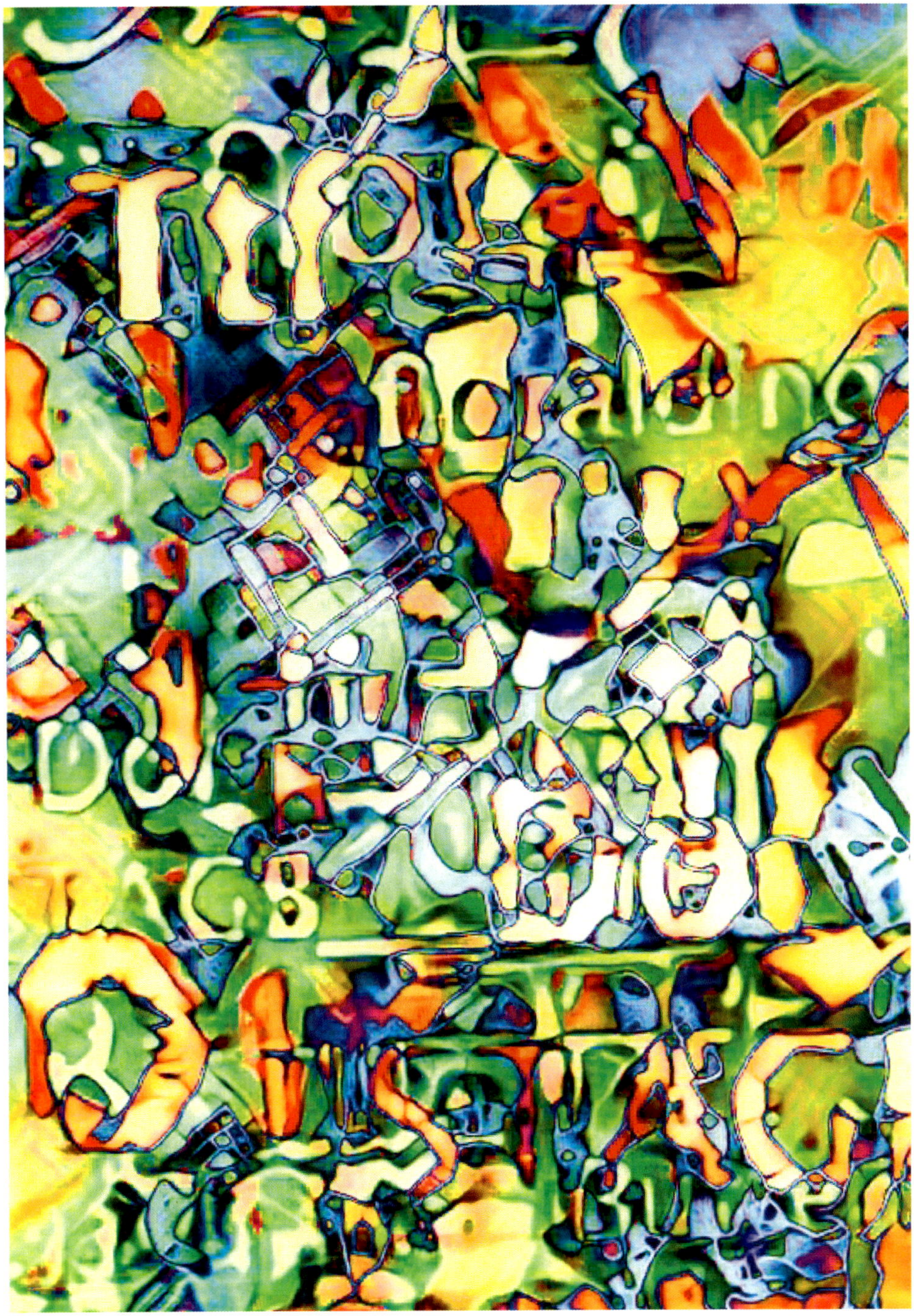

claudio mangifesta
buenos aires 1956

morder 2012

homenagem 2009

dívida 2017

morder
(decir, mostrar)
hasta que se diga
no la palabra
                no
                    dicha
sino
      la no palabra.

a b c d e f g
h i j k l m n
ñ o p q r s t
u v w x y z

A B C D E F G
H I J K L M N
Ñ O P Q R S T
U V W X Y Z

LA DEUDA EXTERNA

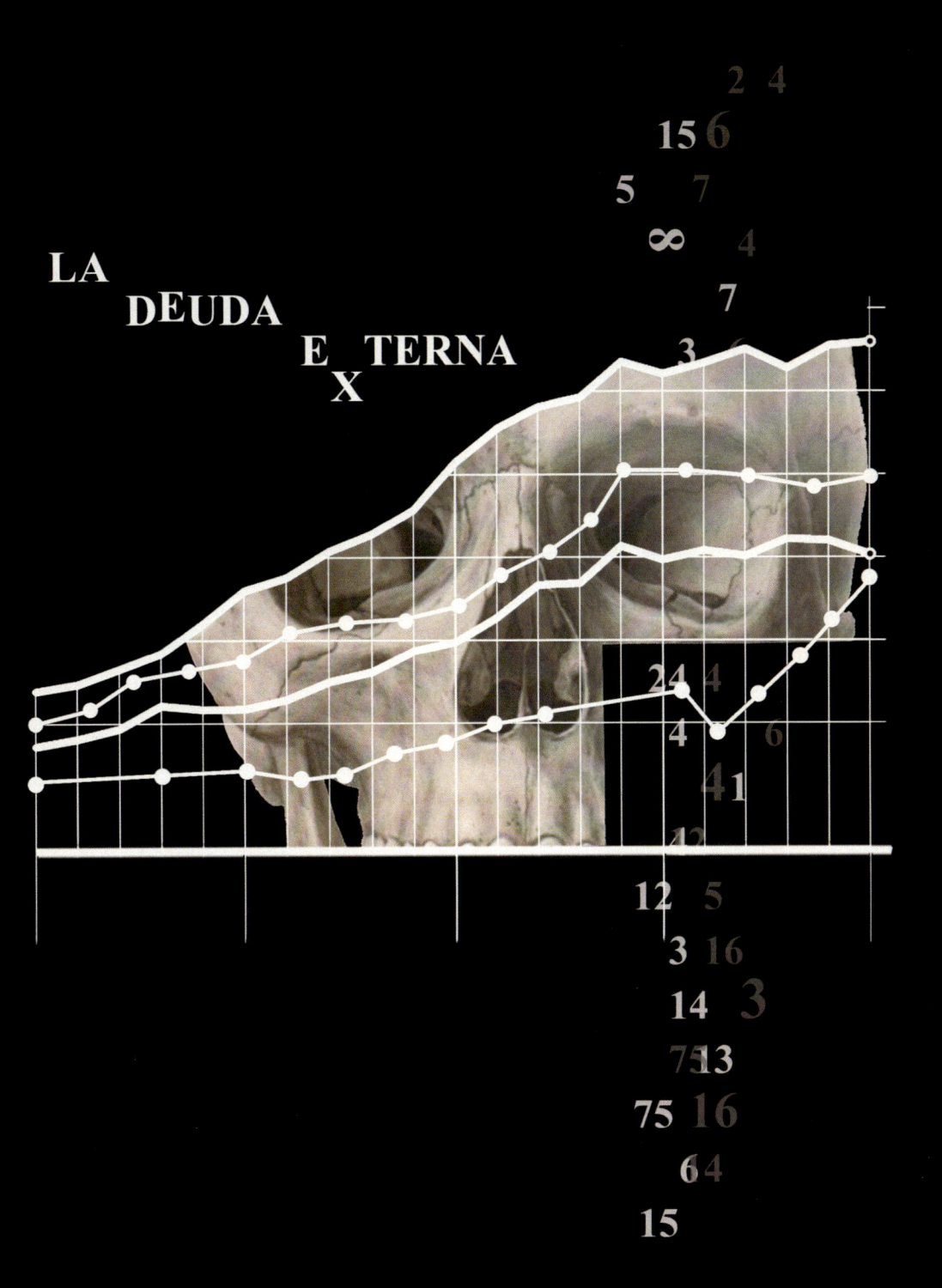

paulo miranda
pirajuí (sp) 1950

soneto 1975

la vie en 1978/1993

pisa 1985

Soneto 1m40cm

LA VIE   EN

LA VIE   EN

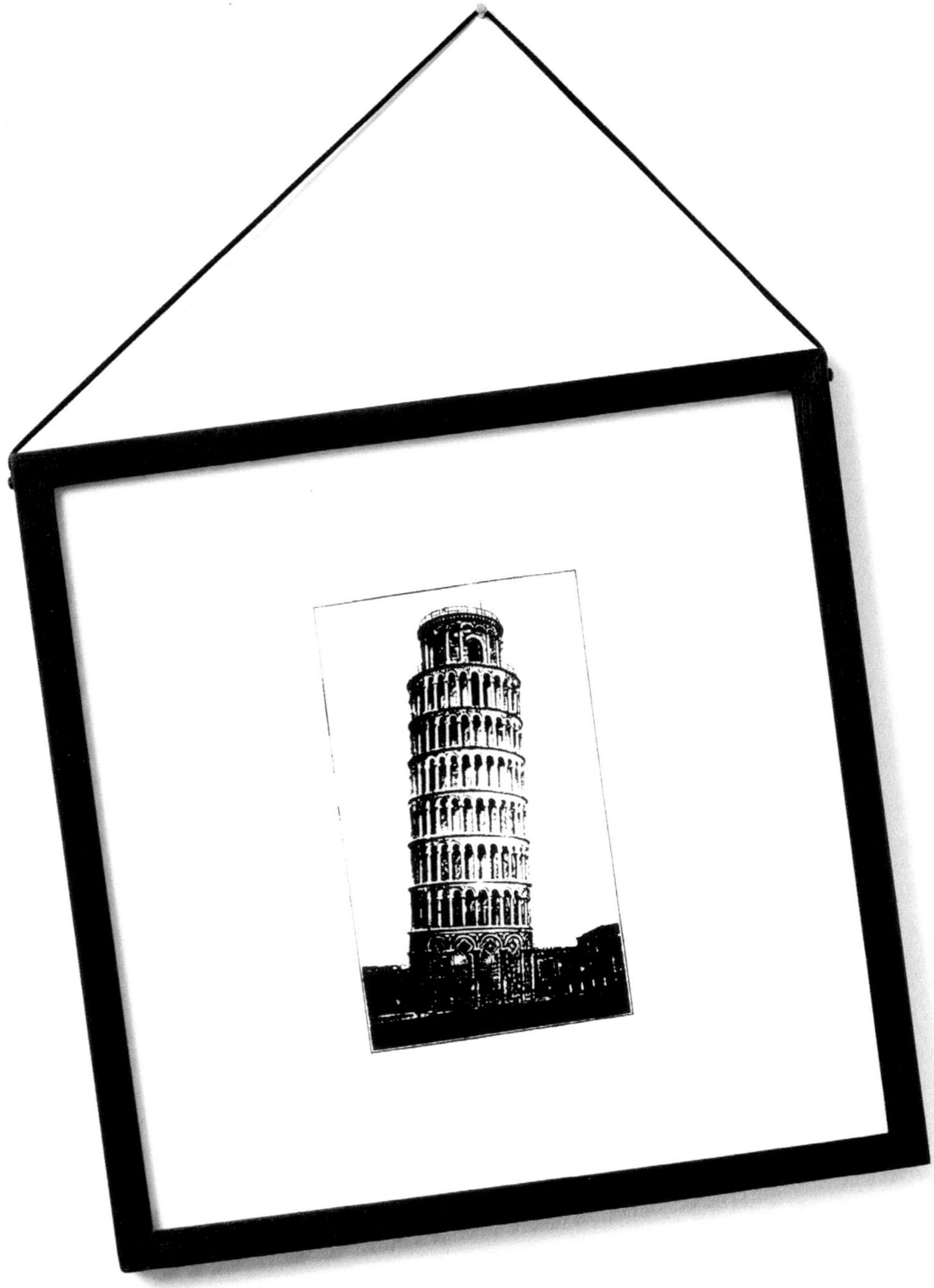

sergio bonzón
pergamino 1959

poema 4 2020

por via das dúvidas 2020

38 poemas sobrepostos 2022

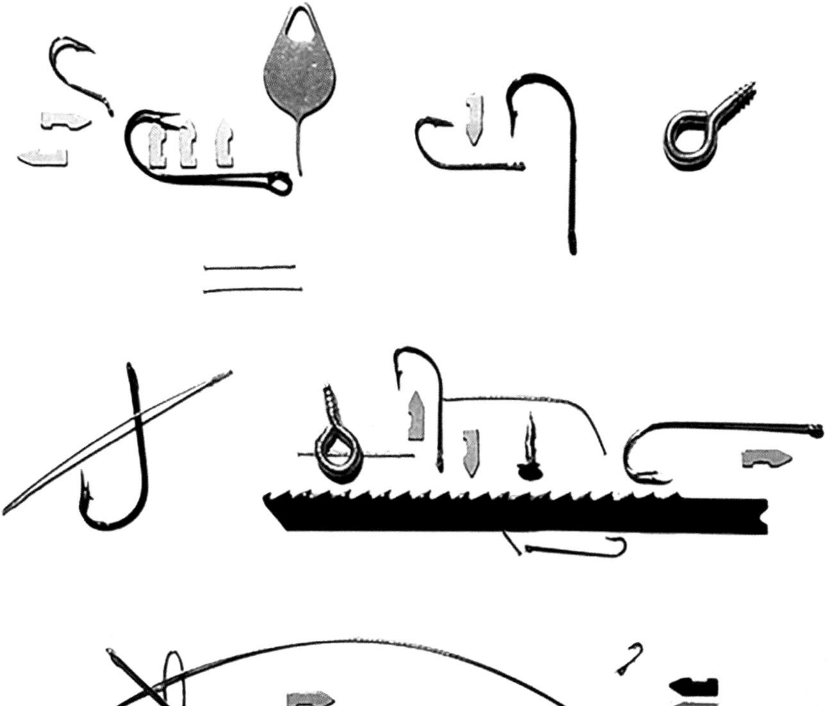

Las ventinas
desfil...   ...mueco imerso er su
sitio. ...
el s...
parecí...   ...omo He-
merlin...
currir...
frente ...   ...era
su turba...   ...de caso
de la ...
delante ...   ...ervido,
parecí...

oído—
impor...
—M...   ...ano y
buscan...
—V...   ...mano, no
porque ...   ...es eso
tivo pa...
tarde, ...
—S...
giró si...
solitaria ...
He de c...
—...   ...dose
en b...   ...otra vez
en la m...   ...vos
la antev...   ...visita Le V...   F
cuadro ...   ...Ya
te escri...
—No...
—S...   ...dios
Y ...   ...omo
si temies...   ...e de su mujer.
D...   ...lingue,
que ha...   ...sus p...as d... mod... complicadas por
abrevi...   ...erto lo cual el ex...
nero ...

almandrade
são felipe (ba) 1953

poema olho 1973

siga 1973

quadrinhos 1977

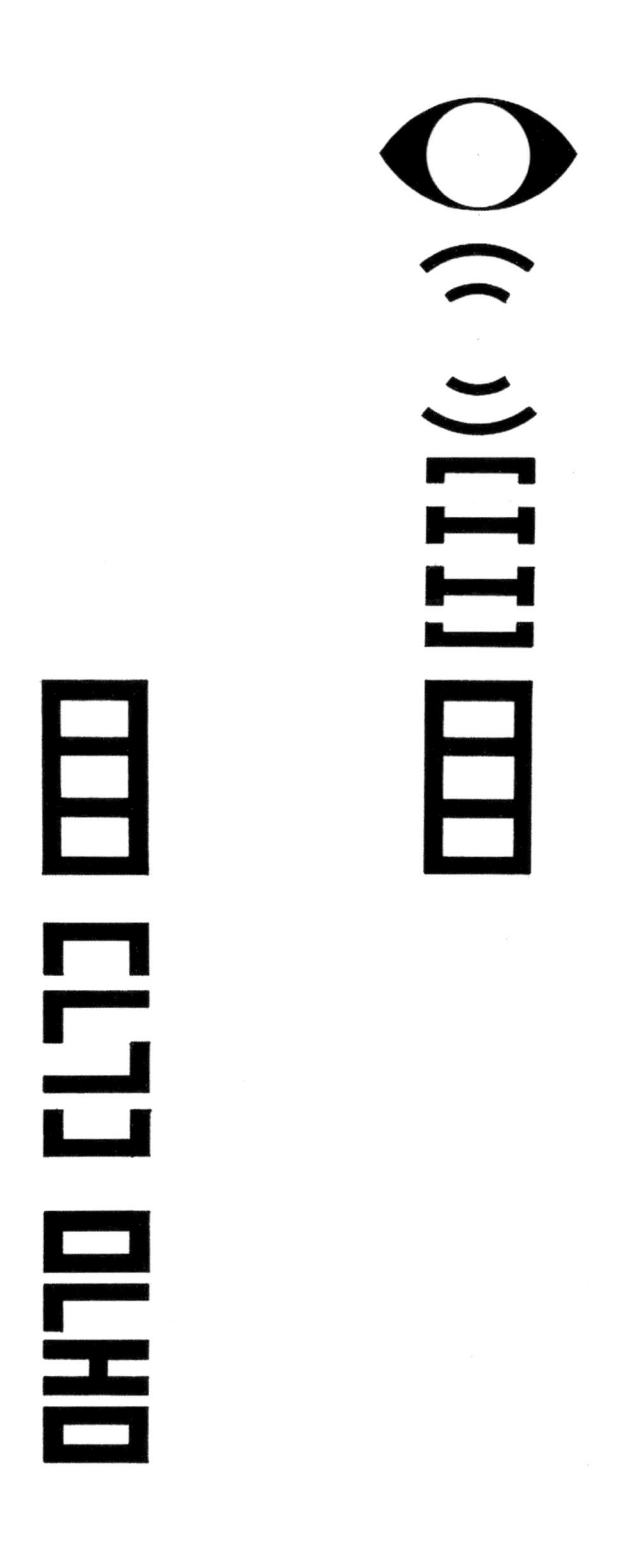

SIGA IGA

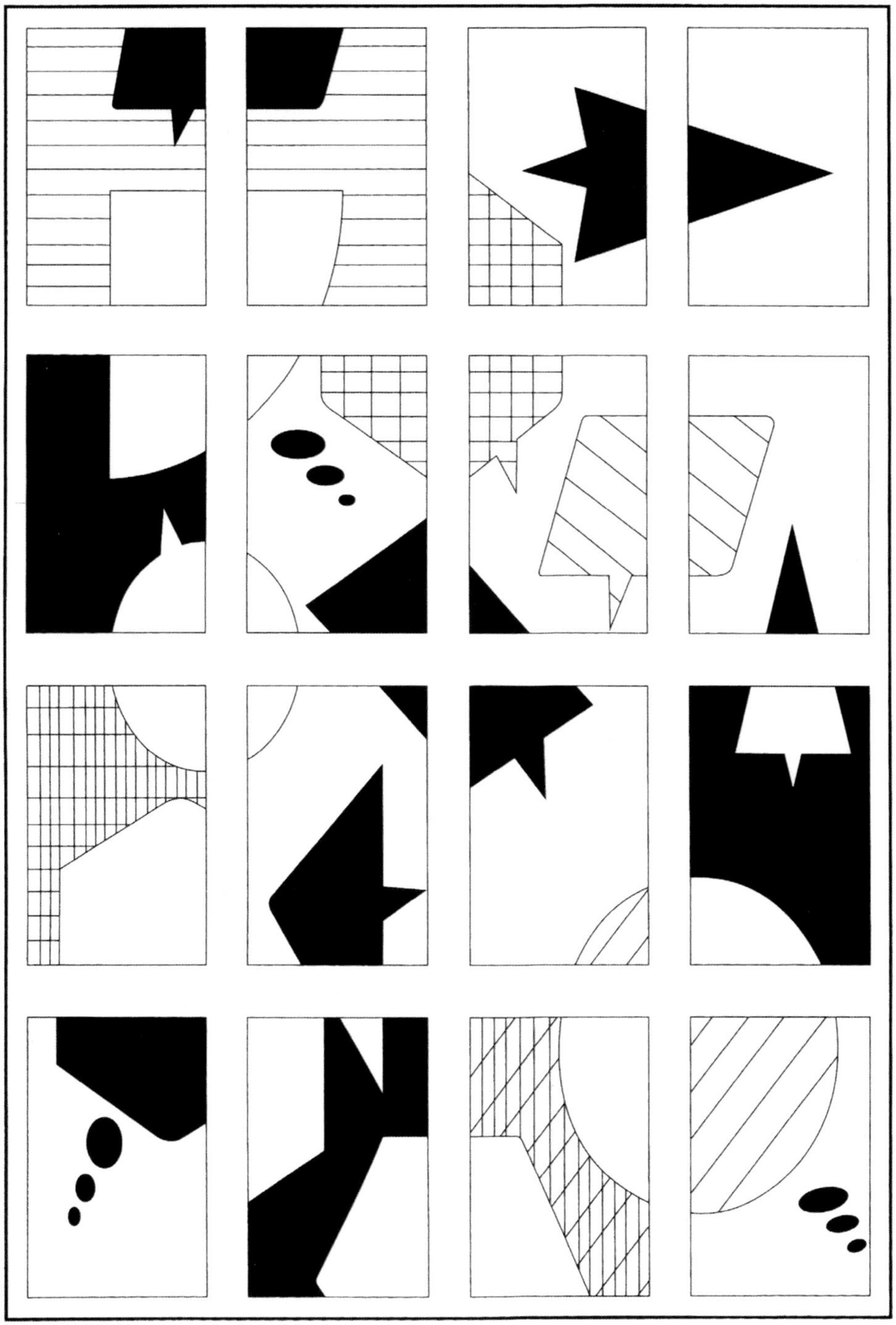

belén gache
buenos aires 1960

o desertor 2005

herbário poético 2005/2010

peixe poético 2022

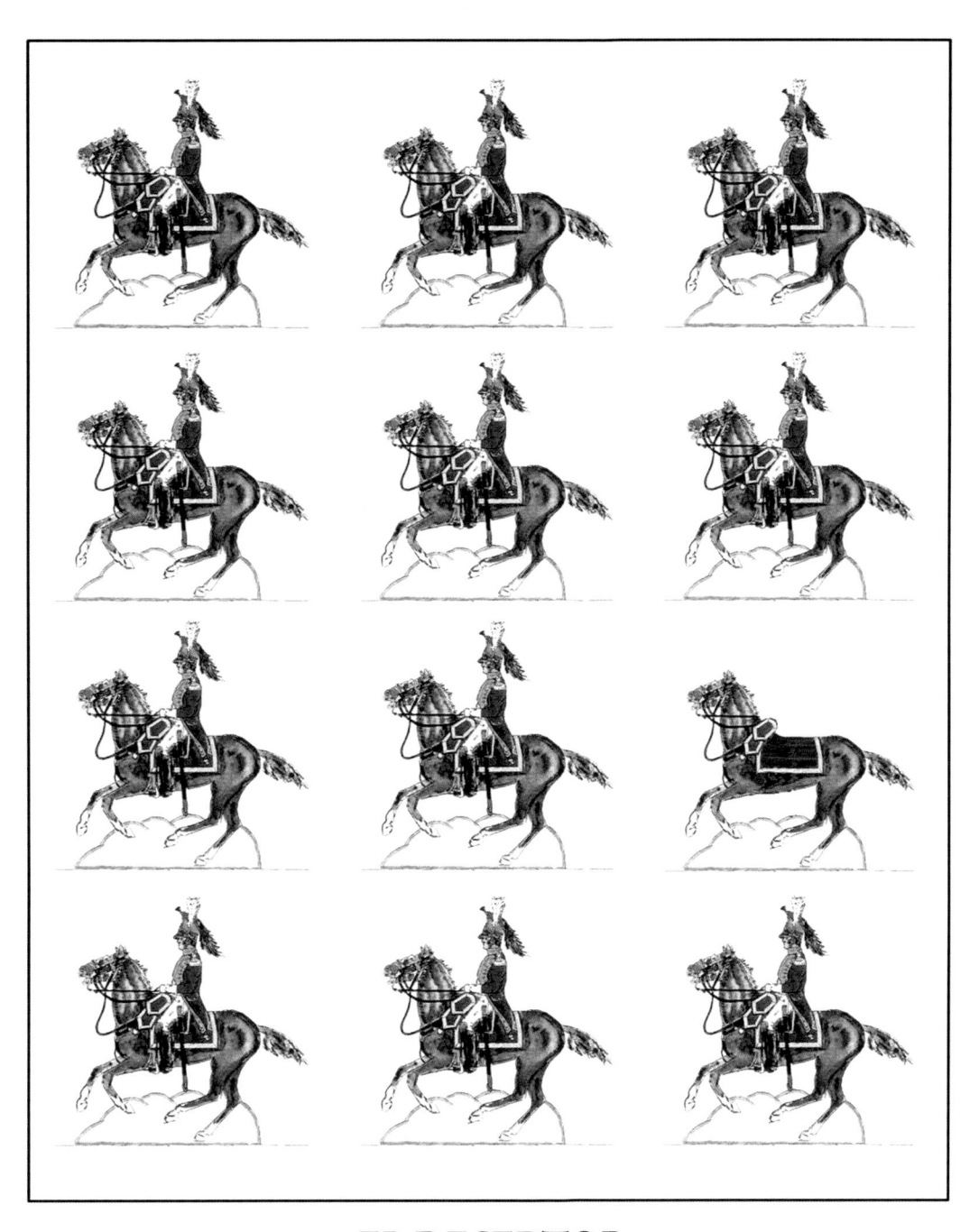

EL DESERTOR

HERBARIO POÉTICO

ROSA DICHOSA
(RAINER MARIA RILKE)

FLOR AZUL
(NOVALIS)

FLOR DE MAYO
(AMADO NERVO)

GIRASOL MARCHITO
(ALLEN GINSBERG)

FLOR DEL ARTICO
(EMILY DICKINSON)

ROSA BLANCA
(JOSE MARTI)

ROSA ROSA
(GERTRUDE STEIN)

FLORES DEL MAL
(CHARLES BAUDELAIRE)

ROSA PRESUMIDA
(SOR JUANA INES DE LA CRUZ)

FLOR SECRETA
(WILLIAM BUTLER YEATS)

FLOR DE PIEL
(MARIO BENEDETTI)

VIOLETA ENAMORADA
(TIRSO DE MOLINA)

MUERTE ROSA
(ANDRE BRETON)

ETERNOS CRISANTEMOS TRAS EL CHUBASCO
(MATSUO BASHO)

MARGARITA BONITA
(RUBEN DARIO)

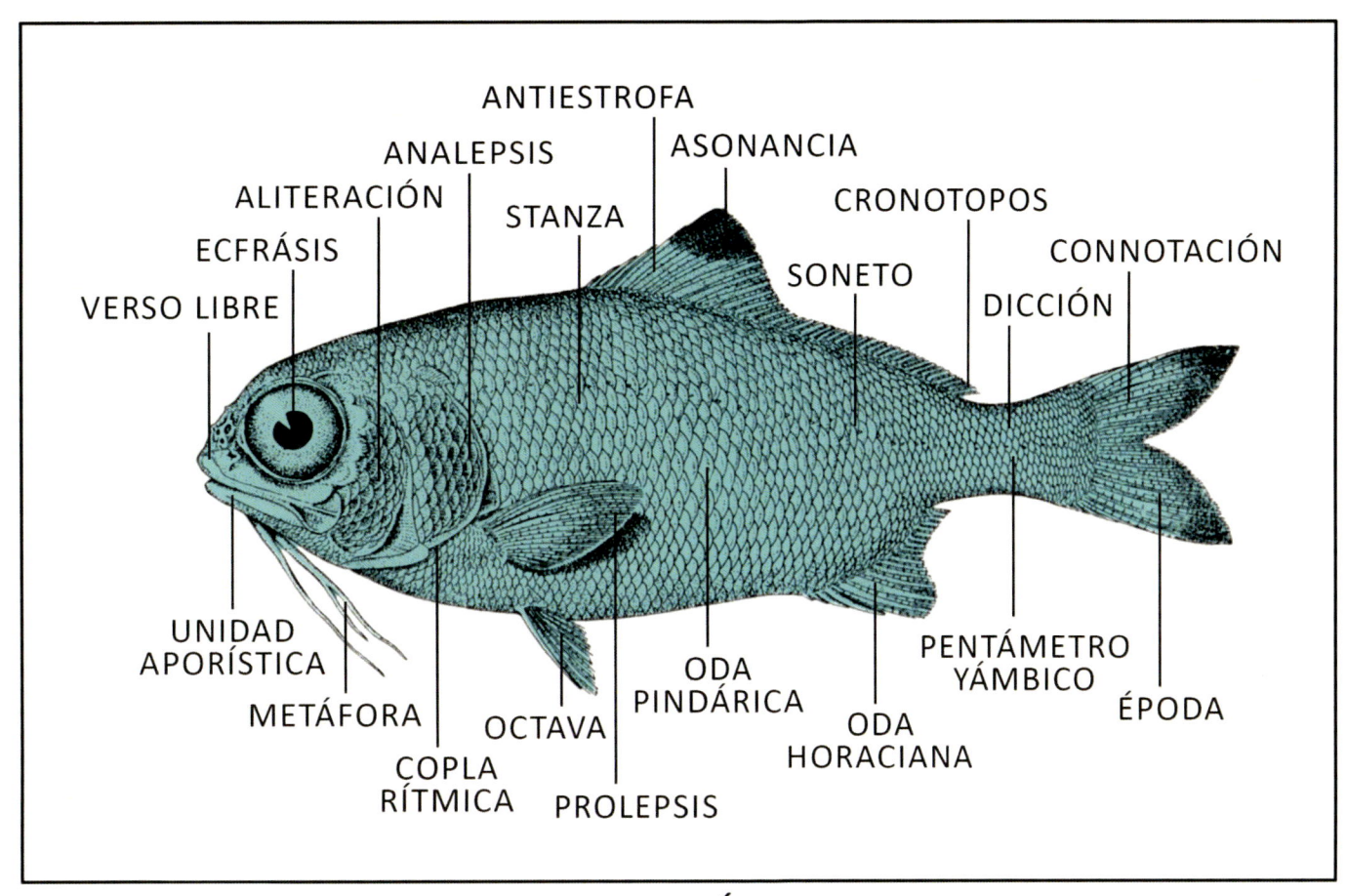

PEZ POÉTICO

lenora de barros
são paulo 1953

poema 1979

eu não disse nada 1990

procuro-me* 2001

* poema-cartaz, concebido por ocasião do ataque às torres gêmeas. (n. da a.)

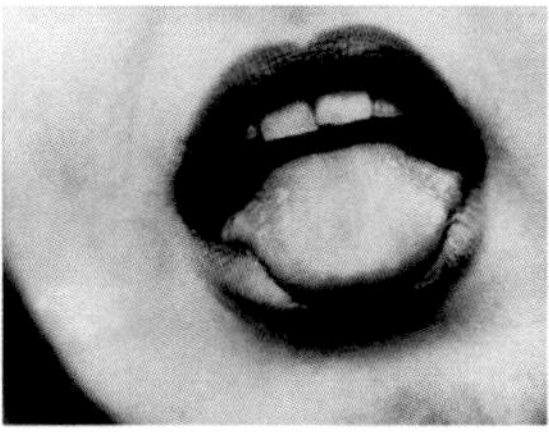
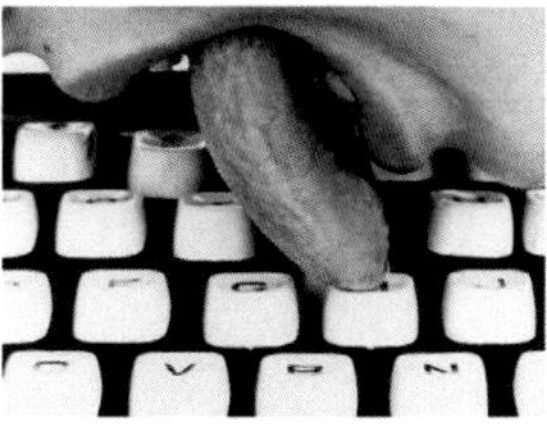
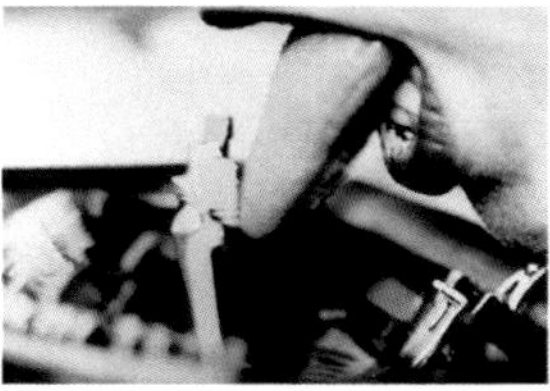
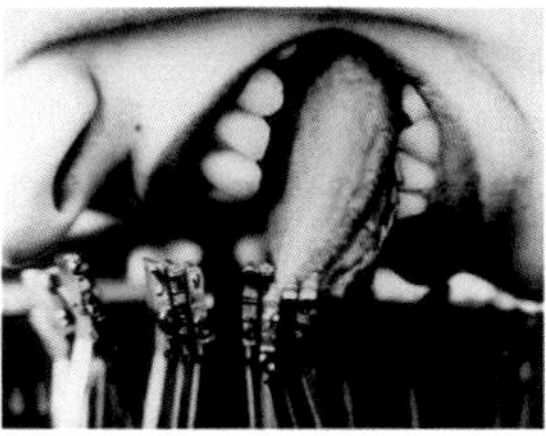
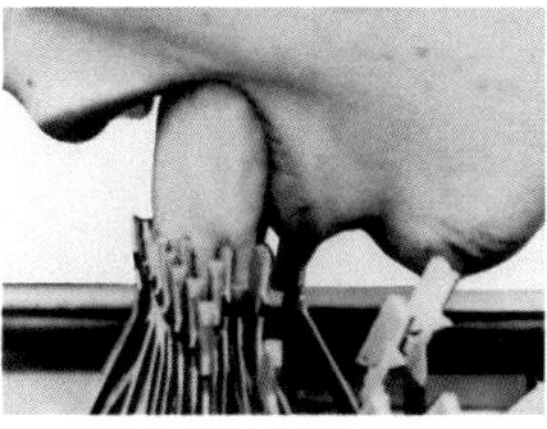
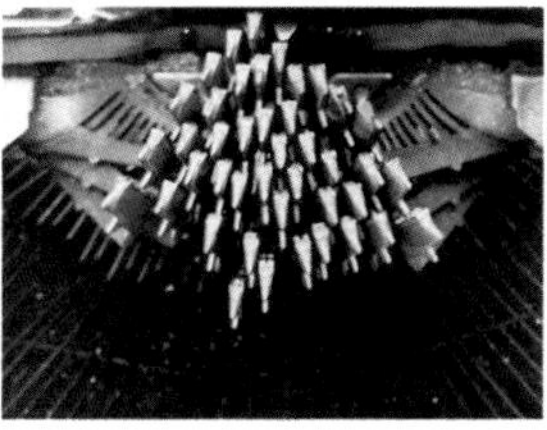

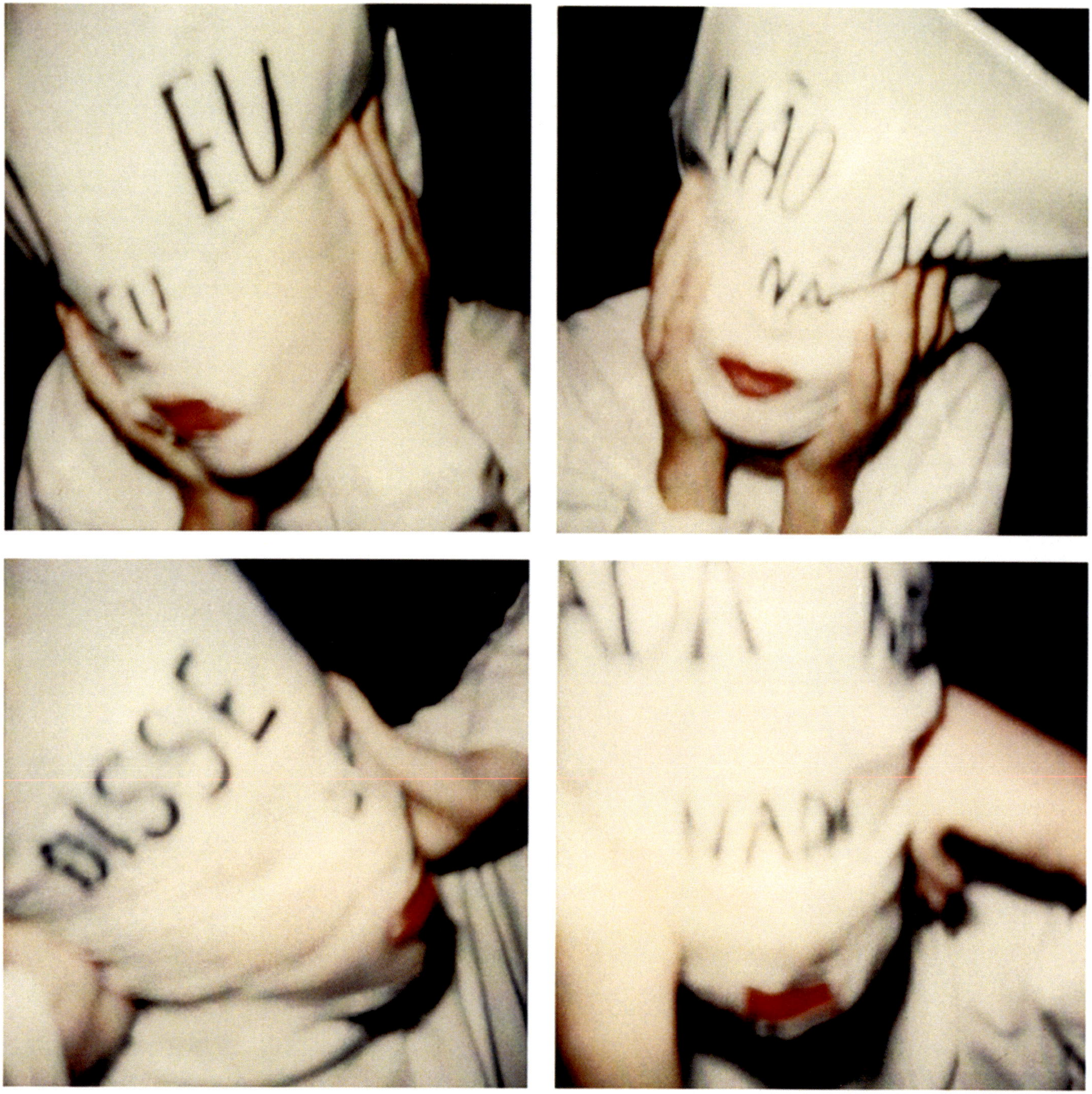

EU
NÃO
DISSE

PROCURO-ME **PROCURO-ME**

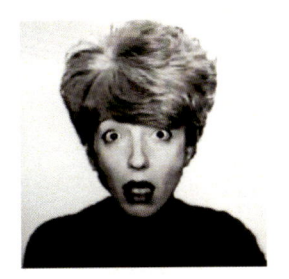

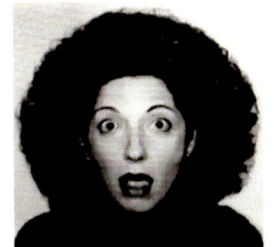

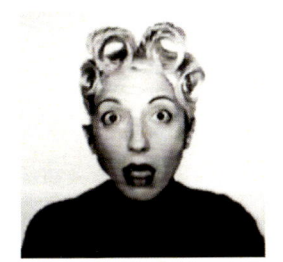

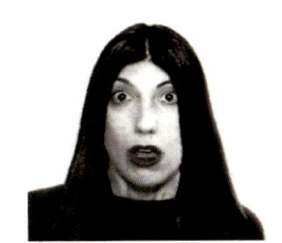

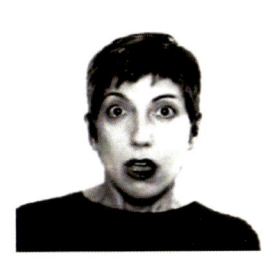

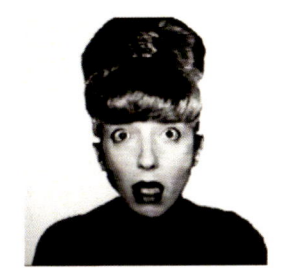

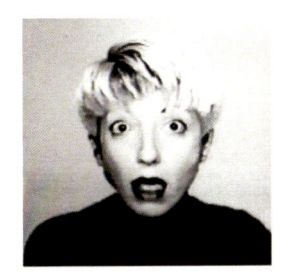

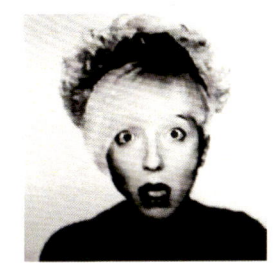

PROCURO-ME **PROCURO-ME**

fabio doctorovich
buenos aires 1961

poema qr pegadas 2019

ao grito dos paralínguas 1995

bandeira qr argentina 2022

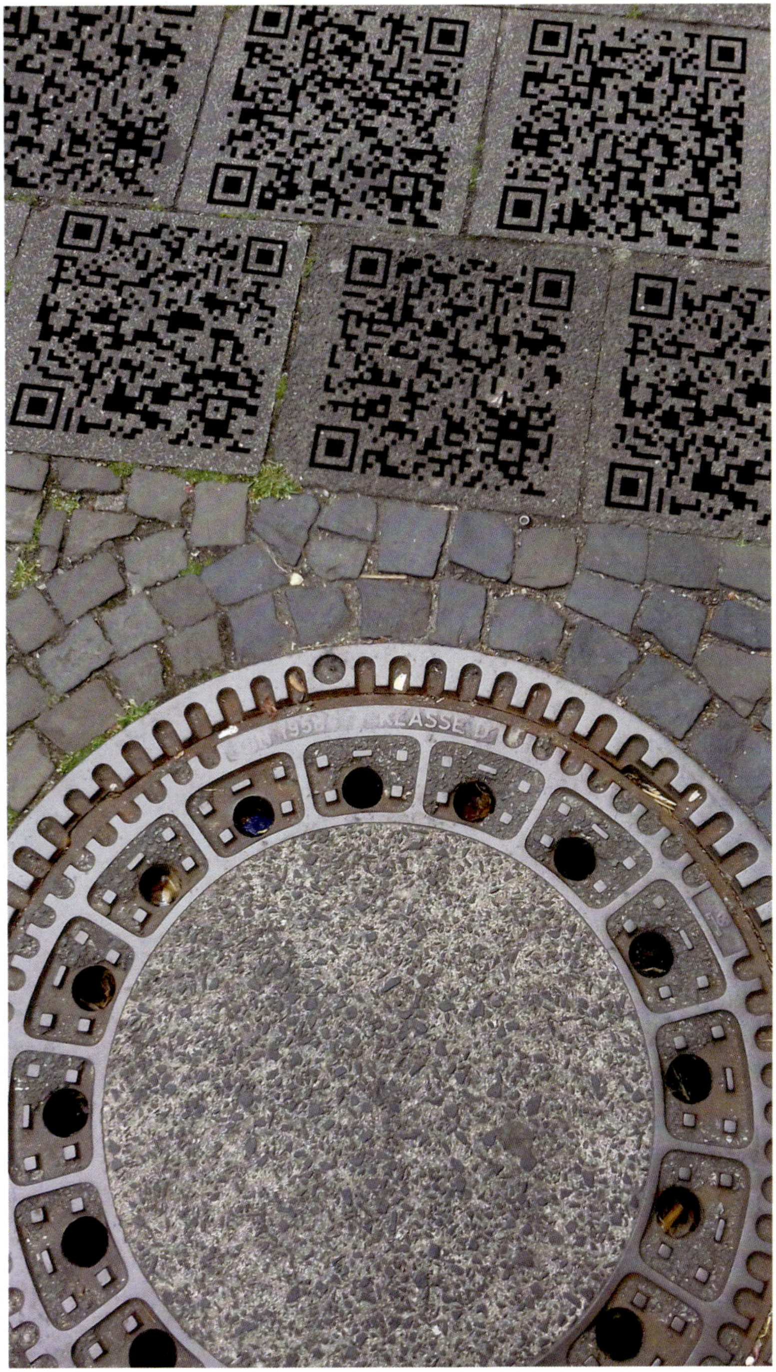

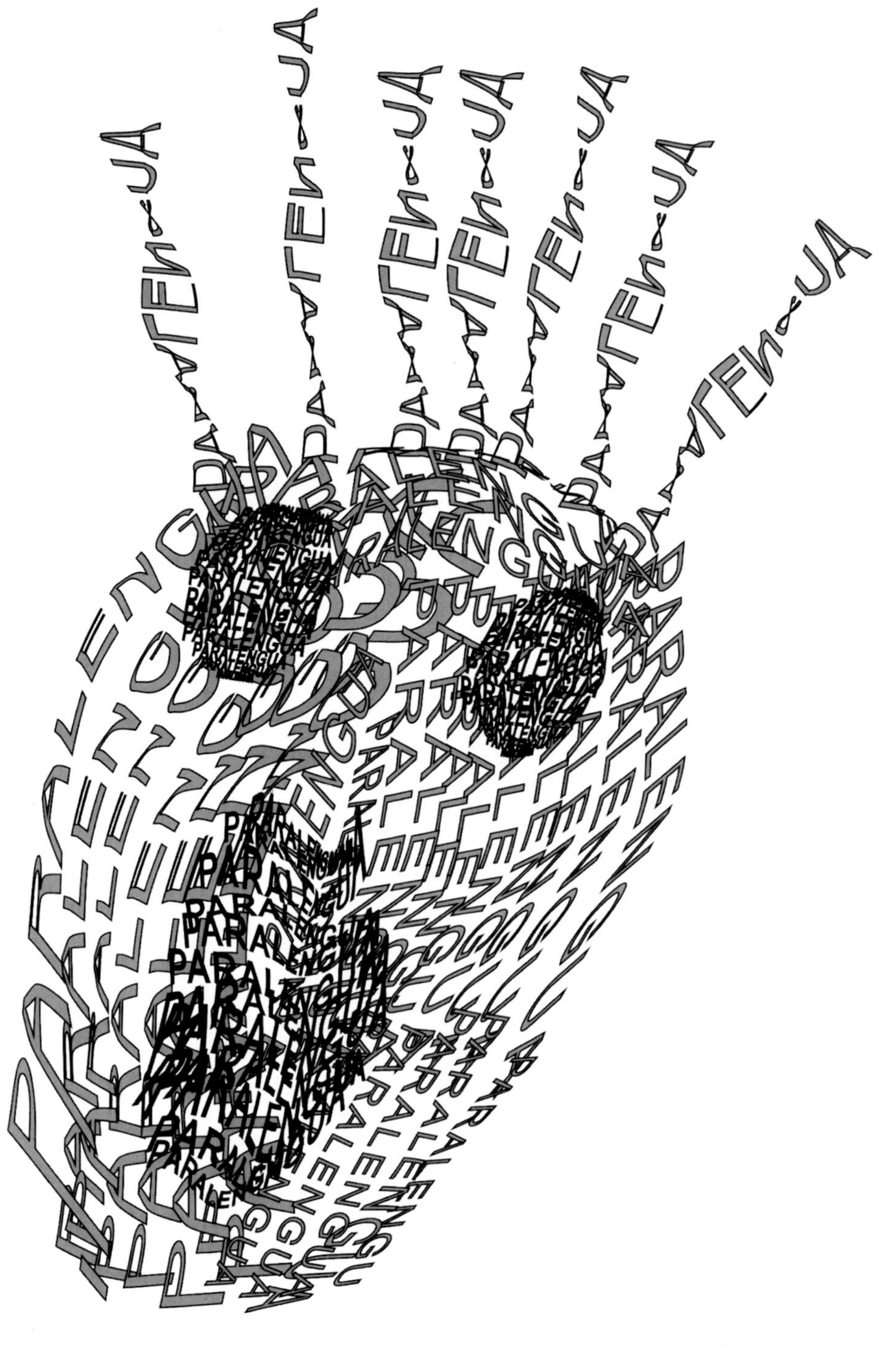
PARALENGUA

©FabioDoctorovich2019

marcelo tápia
tietê (sp) 1954

ond (_como ondear um mar sem tontear-me o onde_) 1982

fórmula do mar* 2007

time of the plague** 2020

---

* notação de composição poético-musical que parte de dois segmentos de versos da poesia grega arcaica épica e lírica que envolvem a expressão formular *polyphloísboio thalásses*, sendo a palavra *polyphloísboio* referida como representação onomatopaica do mar ruidoso: *pará thina poluphloísboio thalásses* e *katá kyma poluphloísboio thalásses*. a composição, motivada pela semelhança fônica entre tais segmentos, realiza um entrelaçamento deles, usando dois timbres e duas vozes diferidas por uma oitava. são exibidos os dois segmentos no idioma de origem e numa recriação ao português: "junto às ondas polissonantes do oceano" e "fundo às ondas polissonantes do oceano". (n. do a.)

** as frases *time of the plague* e *see your whole life in a flash* provêm do episódio "hades" de *ulysses*, de joyce; a figura, colhida do poema "life", de décio pignatari, representa o ideograma chinês "sol" a partir da sobreposição das letras da palavra *life*.

how dream summers afterme an?

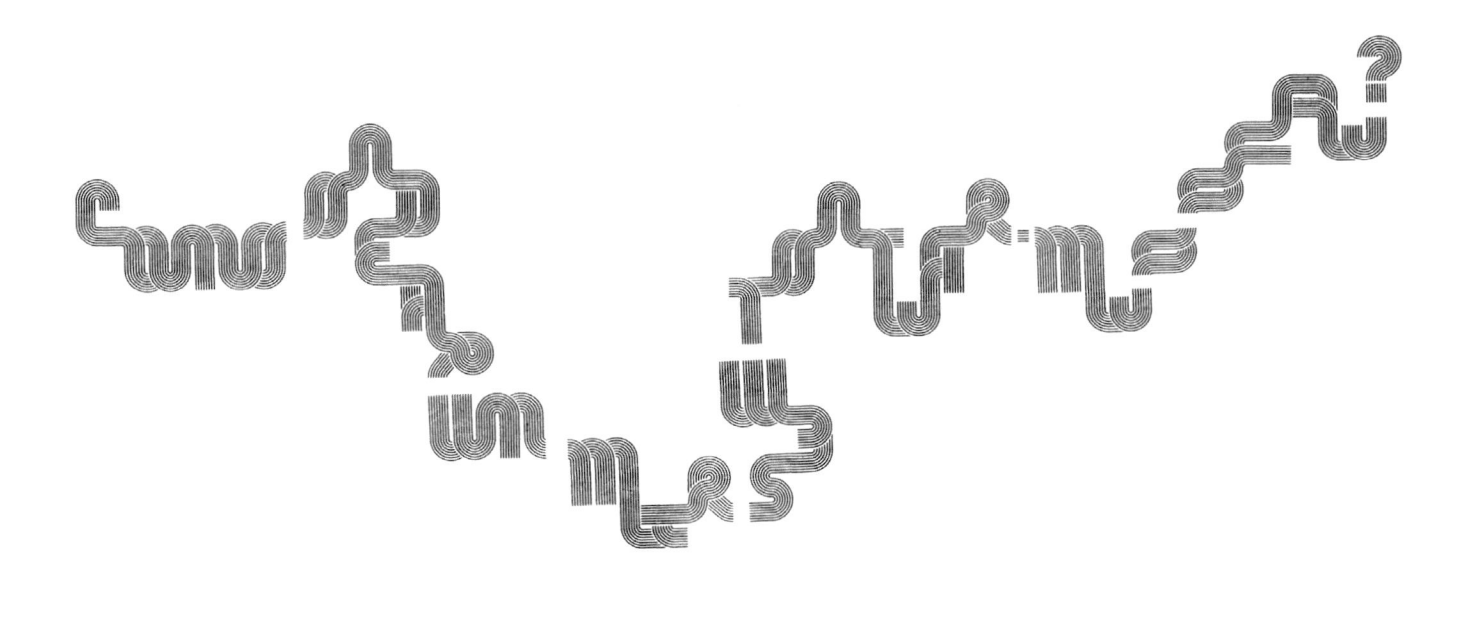

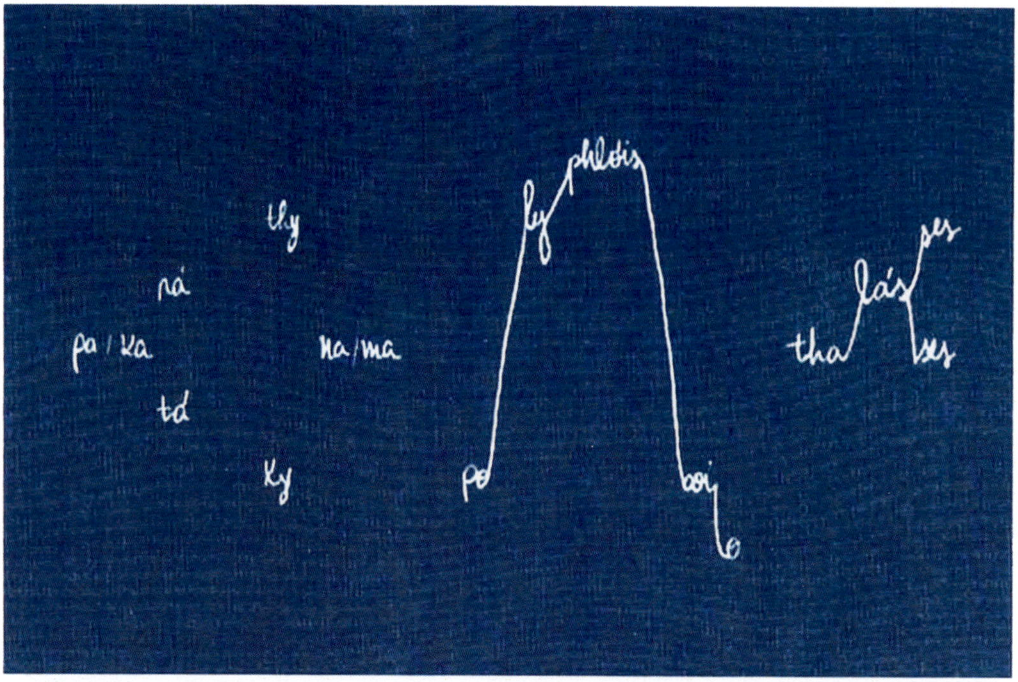
thy
rá
pa / ka
na / ma
tá
ky
po
ly
phlóis
boi
o
tha
lás
ses
ses

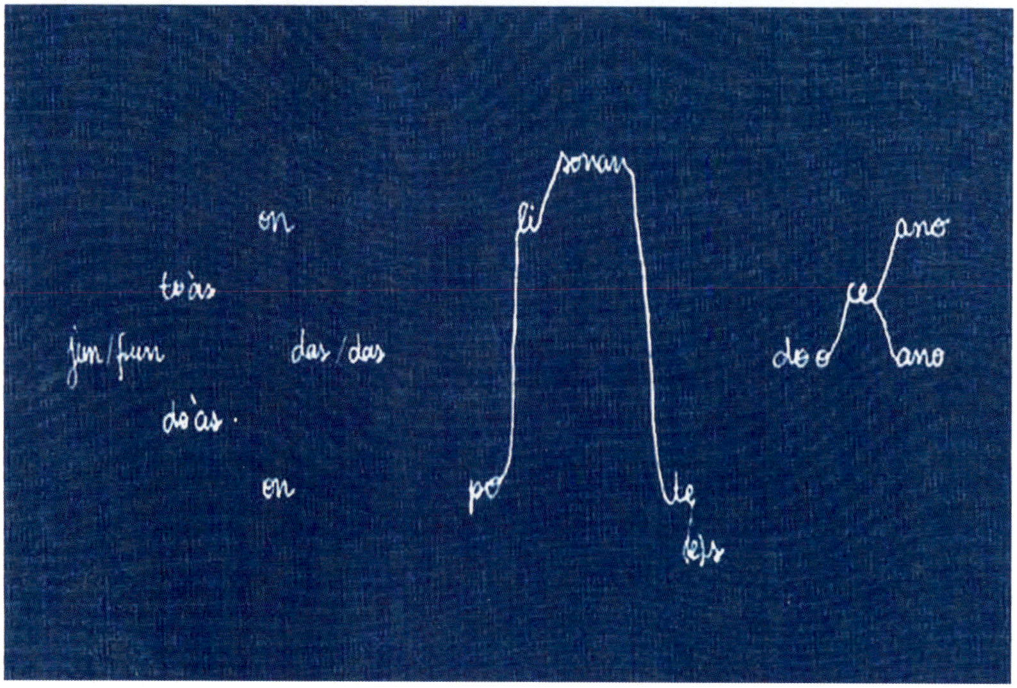
on
toàs
jim / fun
das / das
doàs.
en
po
li
sonan
te
(e)s
do o
ce
ano
ano

SEE YOUR WHOLE

IN A FLASH

samuel montalvetti
buenos aires 1961

sem título 2018

delitivo 2018

sem título 2012

rella roja que habían
dos de sopletes que-
ón soviética
uerta de hie
. Represente aproxima-
cuarta parte del cuerpo
ha sido gr
corresponsal
Broadcastin
jue la trage
al partido
os en las pró
Rovigo, en el corazón
omunista, 3000
us carnets. En Ma
región, los jefes rojos lo-
on una resolución con-
os Soviéts en términos
s que el comité central
nvió al senador Pietro
poner la disciplina a los
Cuando llegó, se encon-
aredes cubiertas de car-

os partidos comunistas
cidental, el de Italia es
los húr   os.
La in   nación por la ag
sa se m   festó en mucha
dler's Wells, c
oscú, canceló s
ar de que ya it
pital soviética
y vestuario. I
s suspendieron s
de concie   os del joven vio
so Igor O   trakh. Los juri
nicos reti   on la invitació
un grupo   e colegas rusos,
se esperab   en Londres a
semanas.   os estibadores
terra, Hol   nda, Dinamarc
tados   dos se negaron
mercancías rusas. (En mu
esto representó una seria p
nómica personal para los

Stalin   suscripción en
palabr   donó el total de s
blo. Y, como colof
encia y autodetermin
mas para sofocar el anhelo

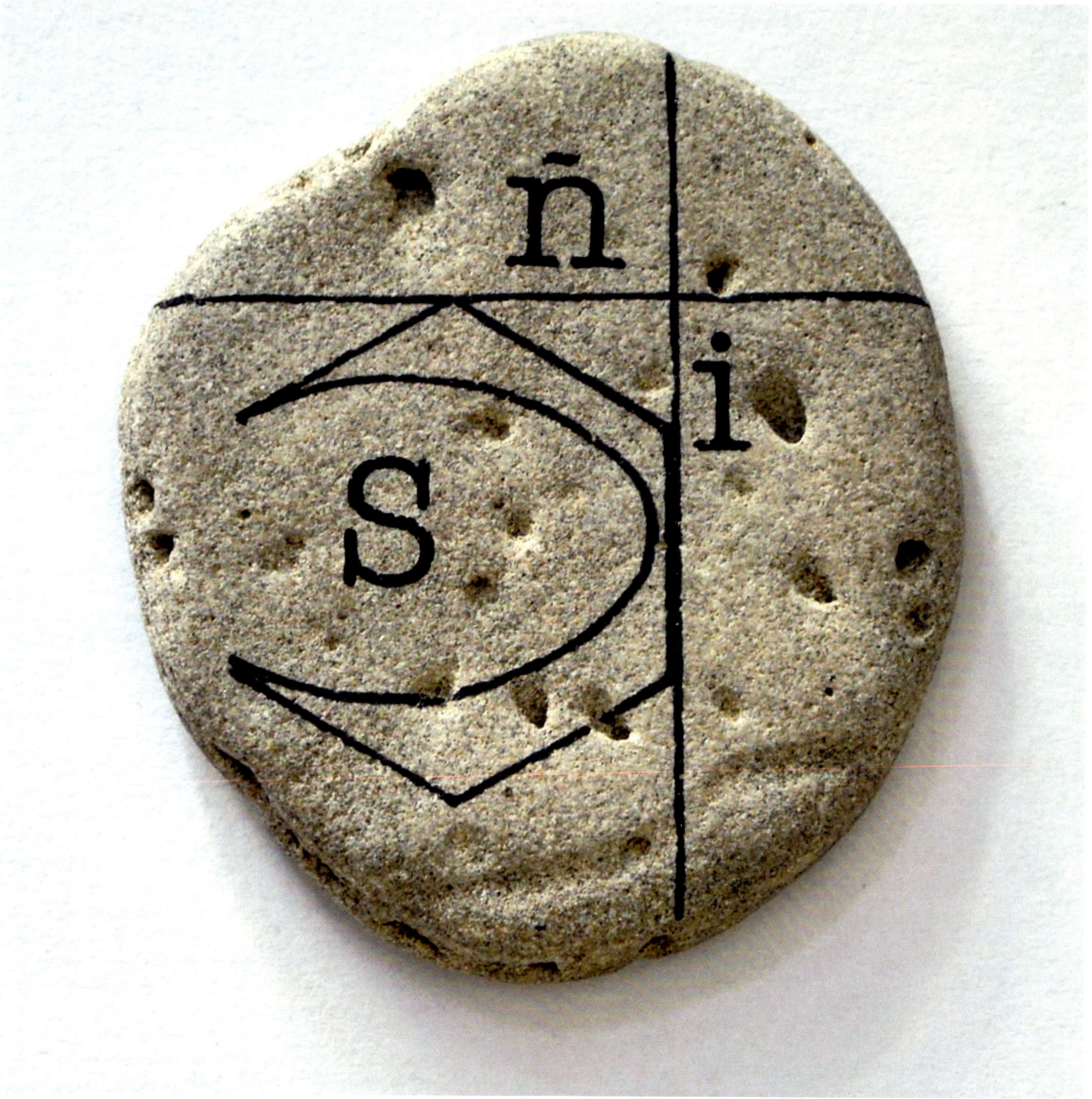
ñ
i
S

CG911

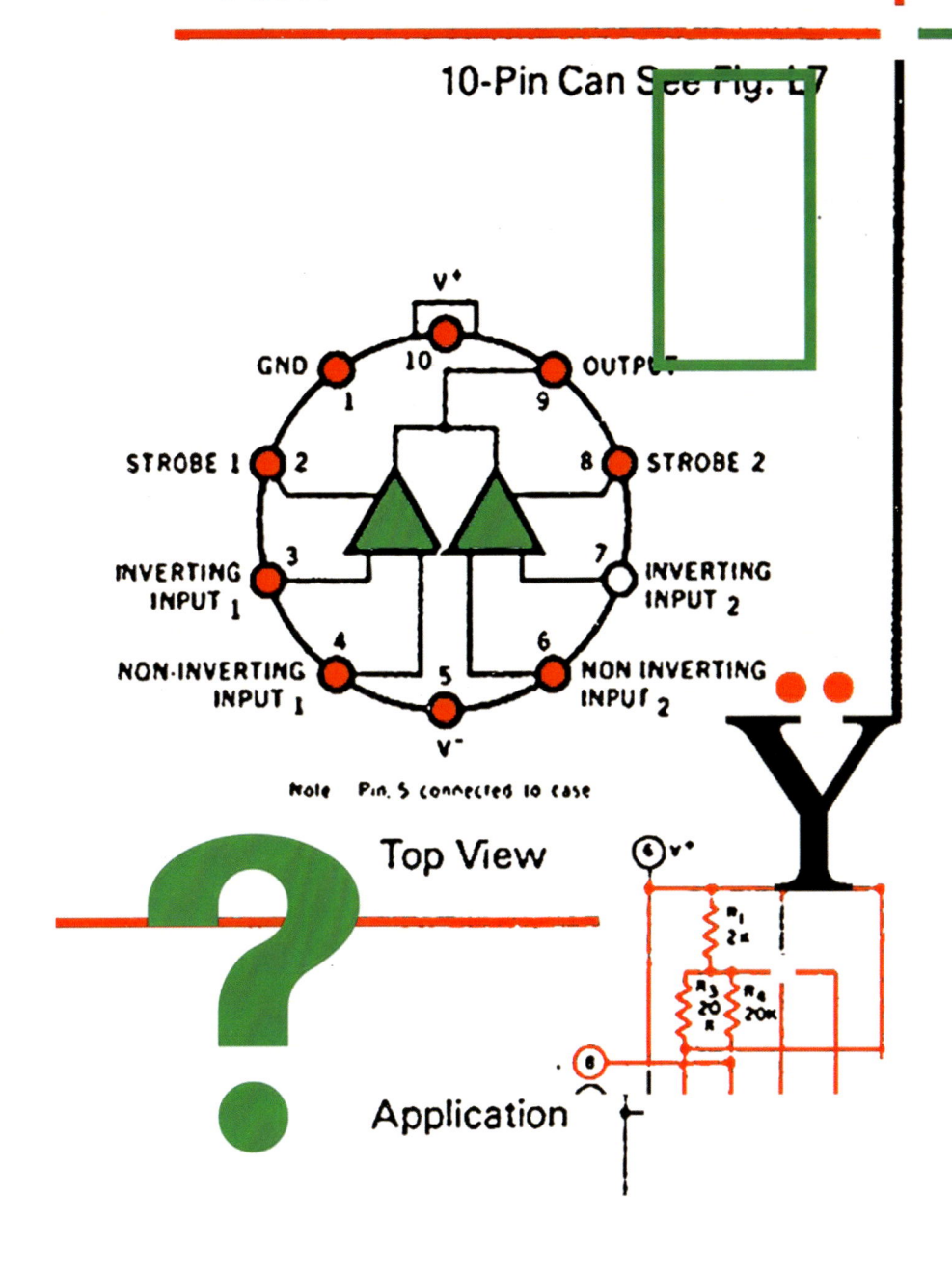

10-Pin Can See Fig. L7

GND — 1
STROBE 1 — 2
INVERTING INPUT 1 — 3
NON-INVERTING INPUT 1 — 4
V⁻ — 5 (V−)
V⁺ — 10 (top)
OUTPUT — 9
STROBE 2 — 8
INVERTING INPUT 2 — 7
NON INVERTING INPUT 2 — 6

Note: Pin 5 connected to case

Top View

Application

walter silveira
são paulo 1955

hendrix mandrake mandrix 1978/2018

tentativa 1978

nexo escultura 1981/2013

Hendrix
Mandrake
Mandrix

TENTATIVA TENTATIVA TENTATIVA ATENTA VIDA ATENTA À VIDA

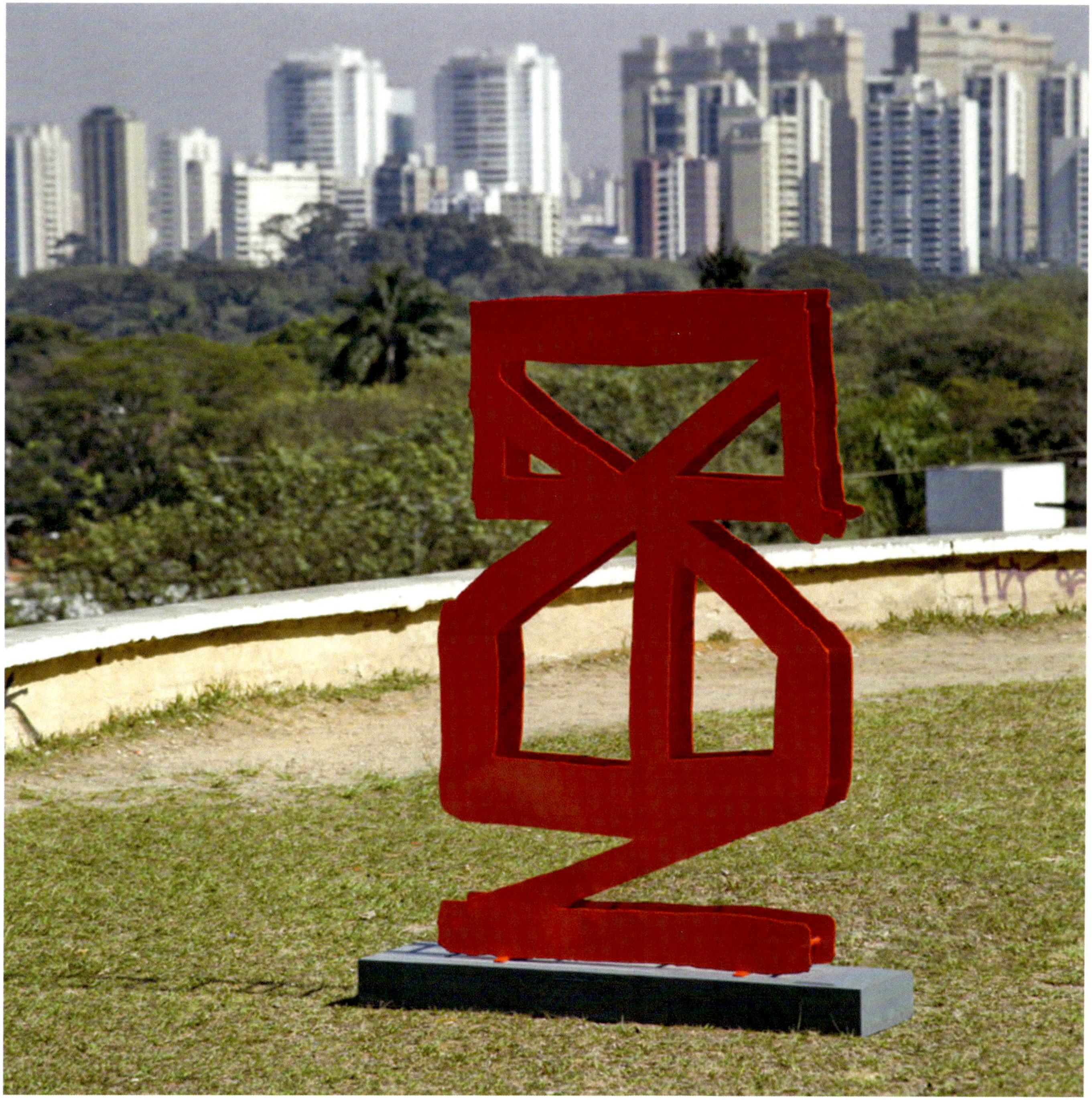

javier robledo
buenos aires 1962

poema excel* 2012

p-o-e-s-i-a 2000

terminante 2010

* tradução literal: o clamor está ausente/ a voz da serpente/ reduzir a leguminosa// ao mínimo reflexo da rua/ habita no favo de mel/ sob voos rígidos// e a sombra da estrela/ assistida ao mesmo tempo pelo rosto/ ao leve toque do cabelo// é um clarão fugaz/ como unha no tronco/ no convés da nave mar. (n. do o.)

Poema multiplechoice excel

Instrucciones: Marque 4 opciones. Lea. Marque otras 4 opciones. Y así.

1		El clamor se ausenta
2		La voz de la serpiente
3		Reducir la legúmbre

1		Al mínimo reflejo callejero
2		Habita en el panal
3		Bajo rígidos vuelos

1		Y la sombra de la estrella
2		Asistido a la vez rostro
3		Del rozar del pelo

1		Es fugaz llamarada
2		Como uña en el tronco
3		Sobre cubierta de la nave mar

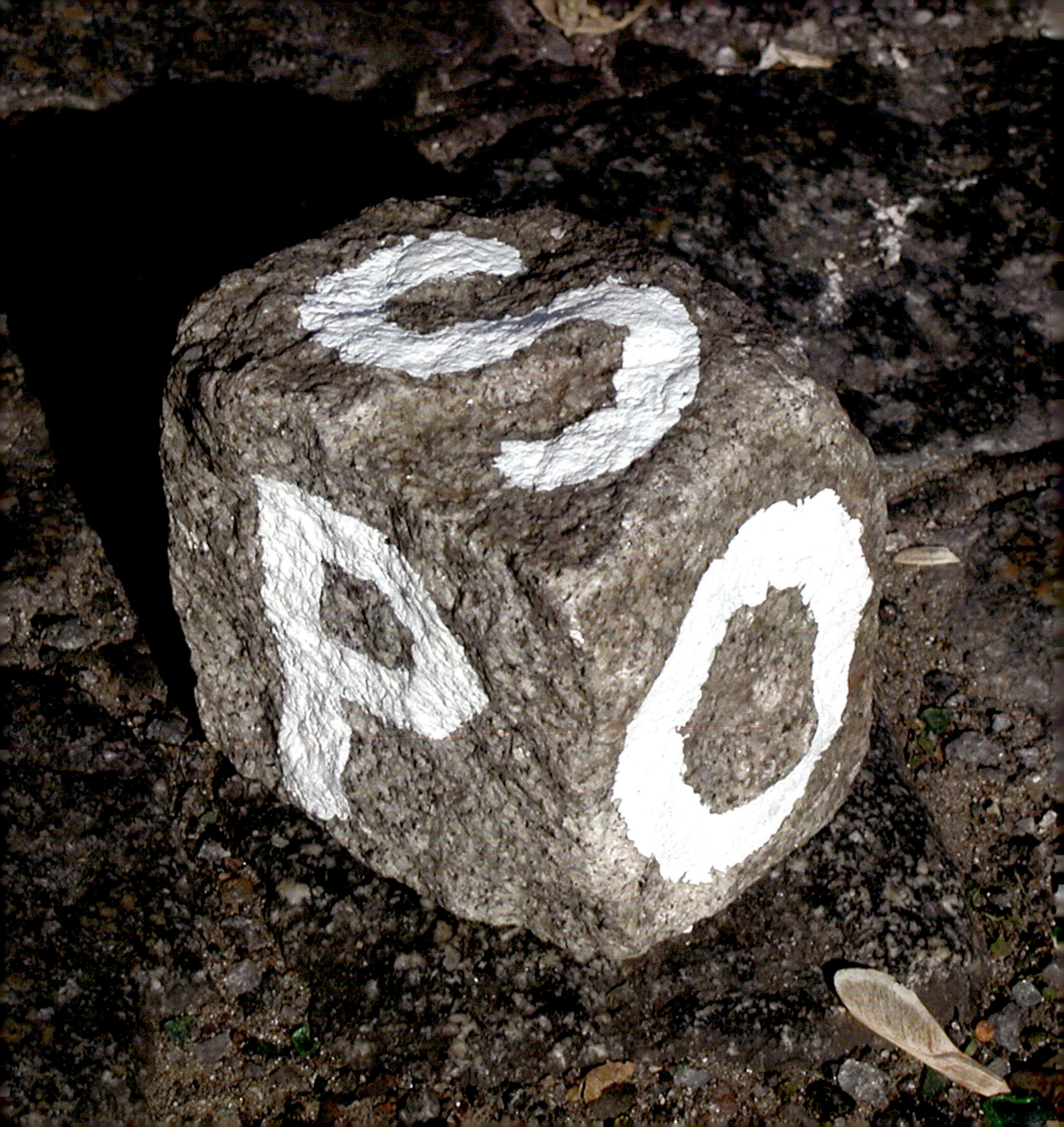

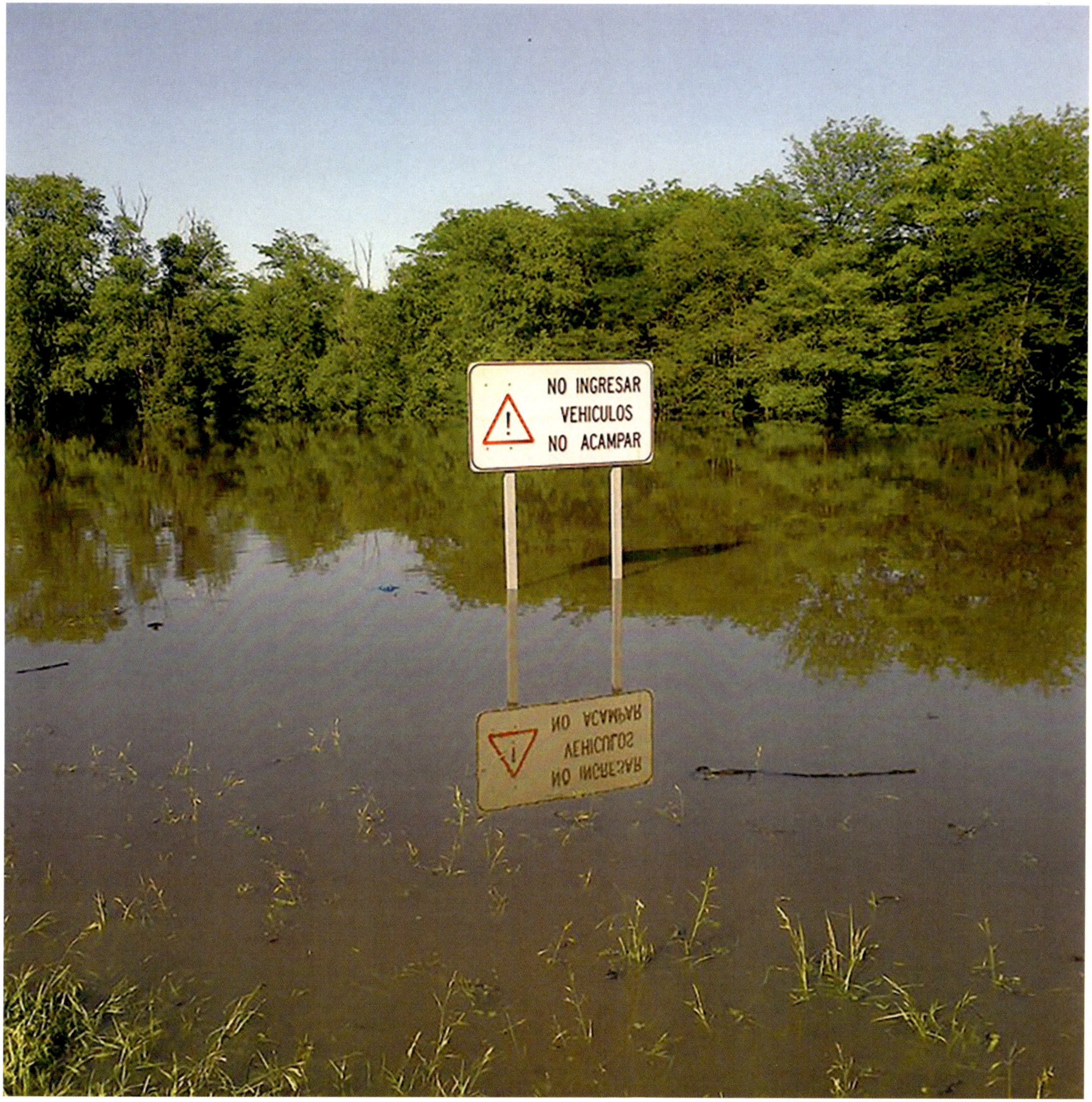
NO INGRESAR
VEHICULOS
NO ACAMPAR

tadeu jungle
são paulo 1956

em progresso 1982

você está aqui* 1997/2020

medo 2009

* instalação na empena do edifício do museu de arte contemporânea da usp, 2020. (n. do a.)

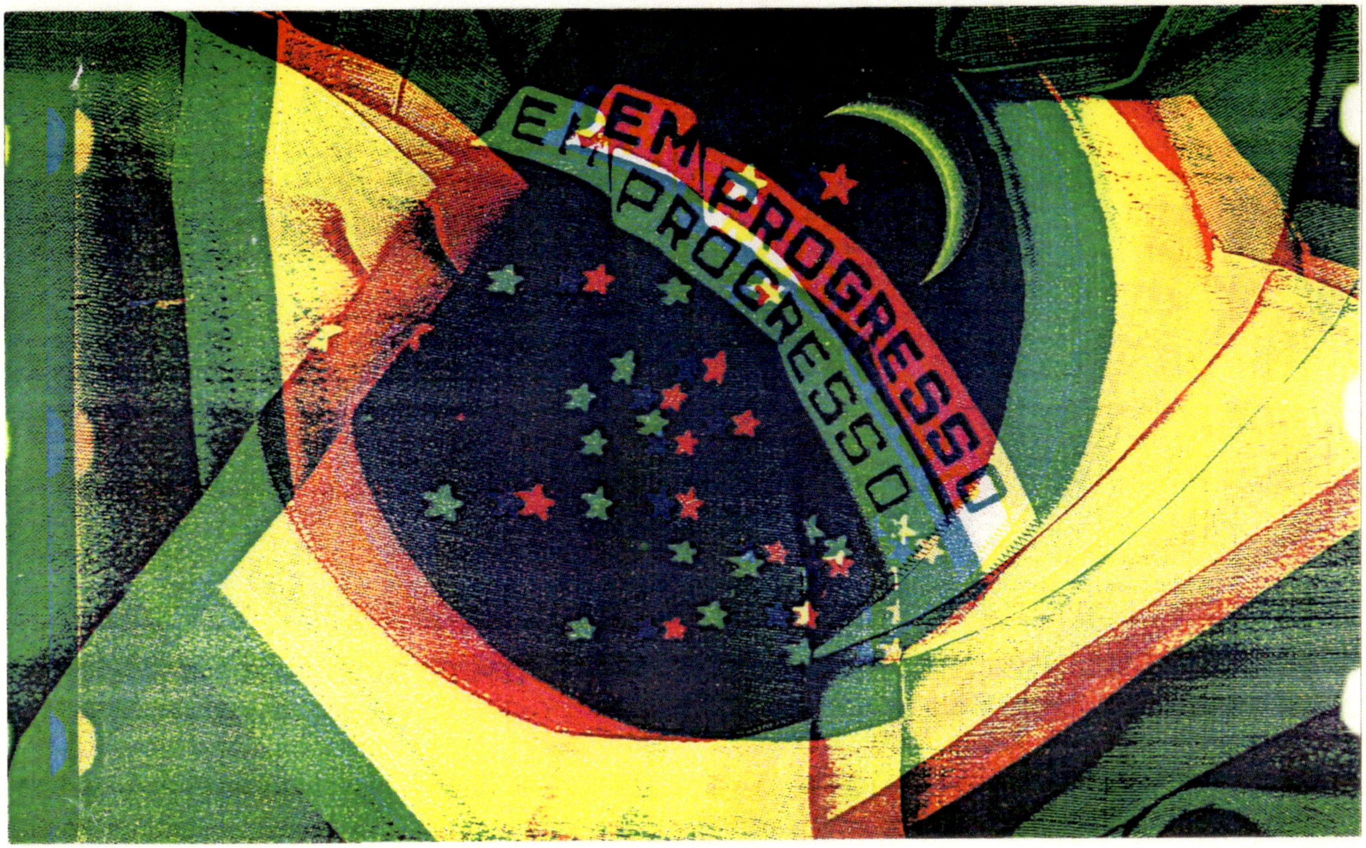
EM PROGRESSO
EM PROGRESSO

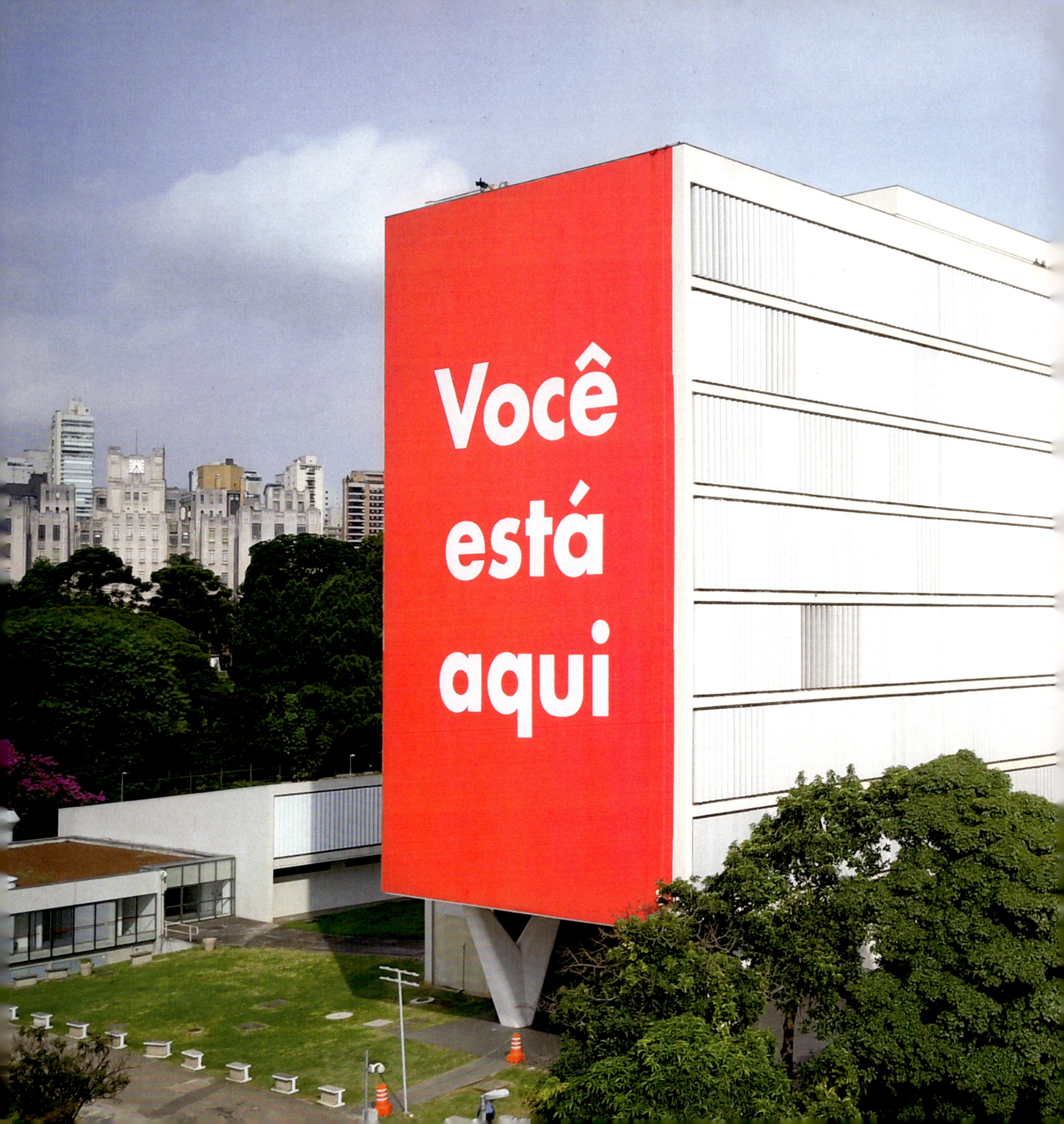
Você
está
aqui

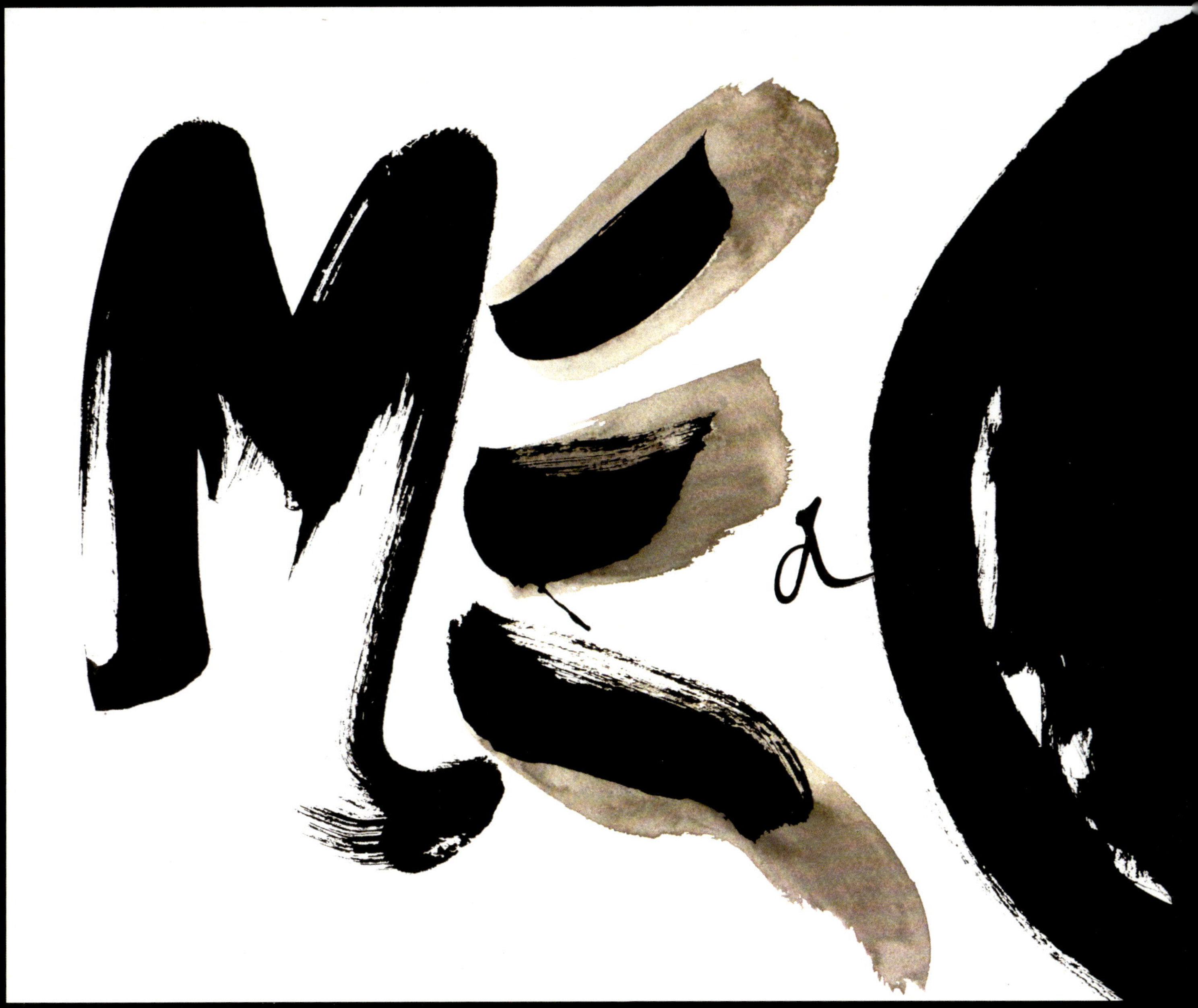

ladislao pablo györi
buenos aires 1963

espaço sonoro 1998

vpoema 13 1995

hommage a e. a. vigo 2007

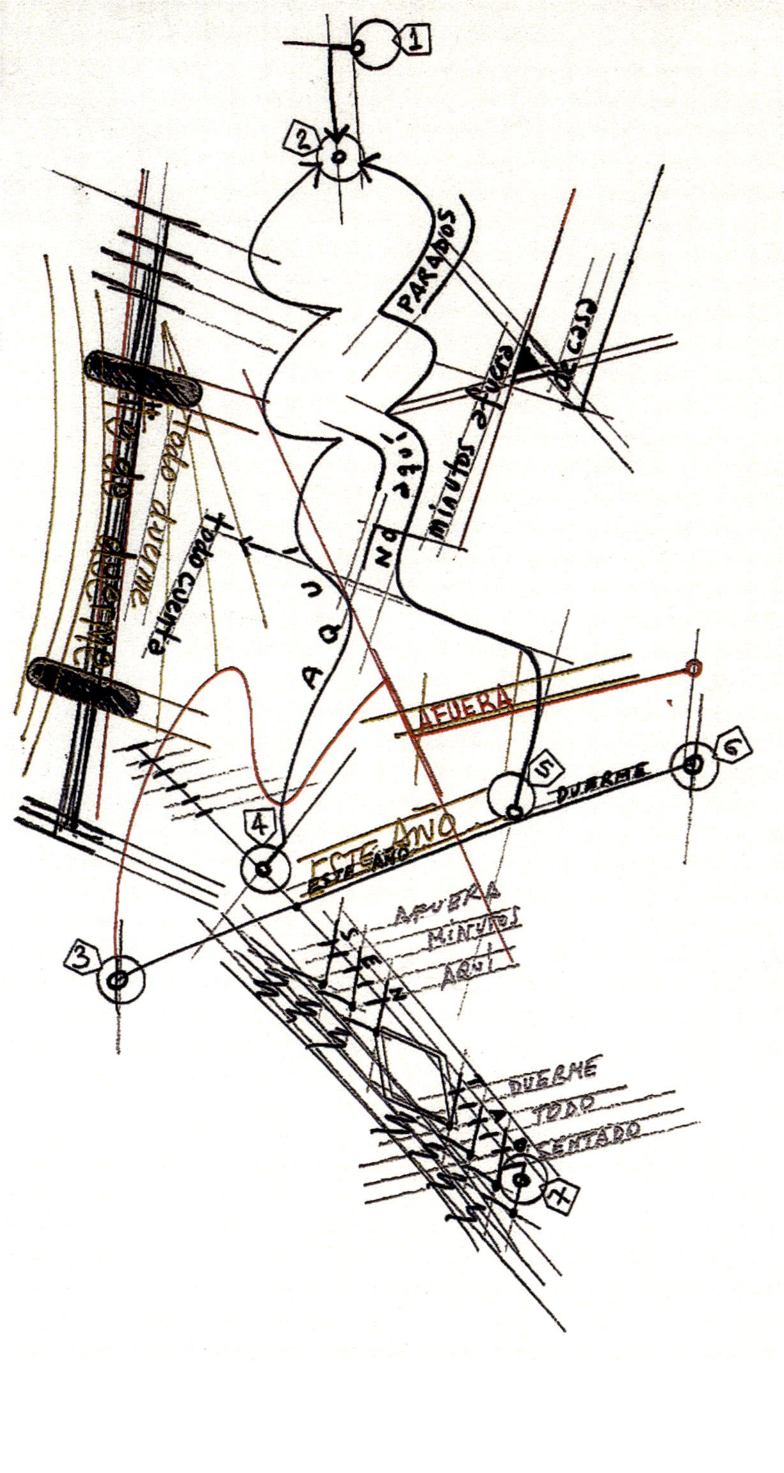
1
2
PARADOS
minutos afuera
de casa
aquí
NO
AQUÍ
todo duerme
todo cuenta
AFUERA
4
5
6
ESTE AÑO
DUERME
3
AFUERA
MINUTOS
AQUÍ
DUERME
TODO
SENTADO
7

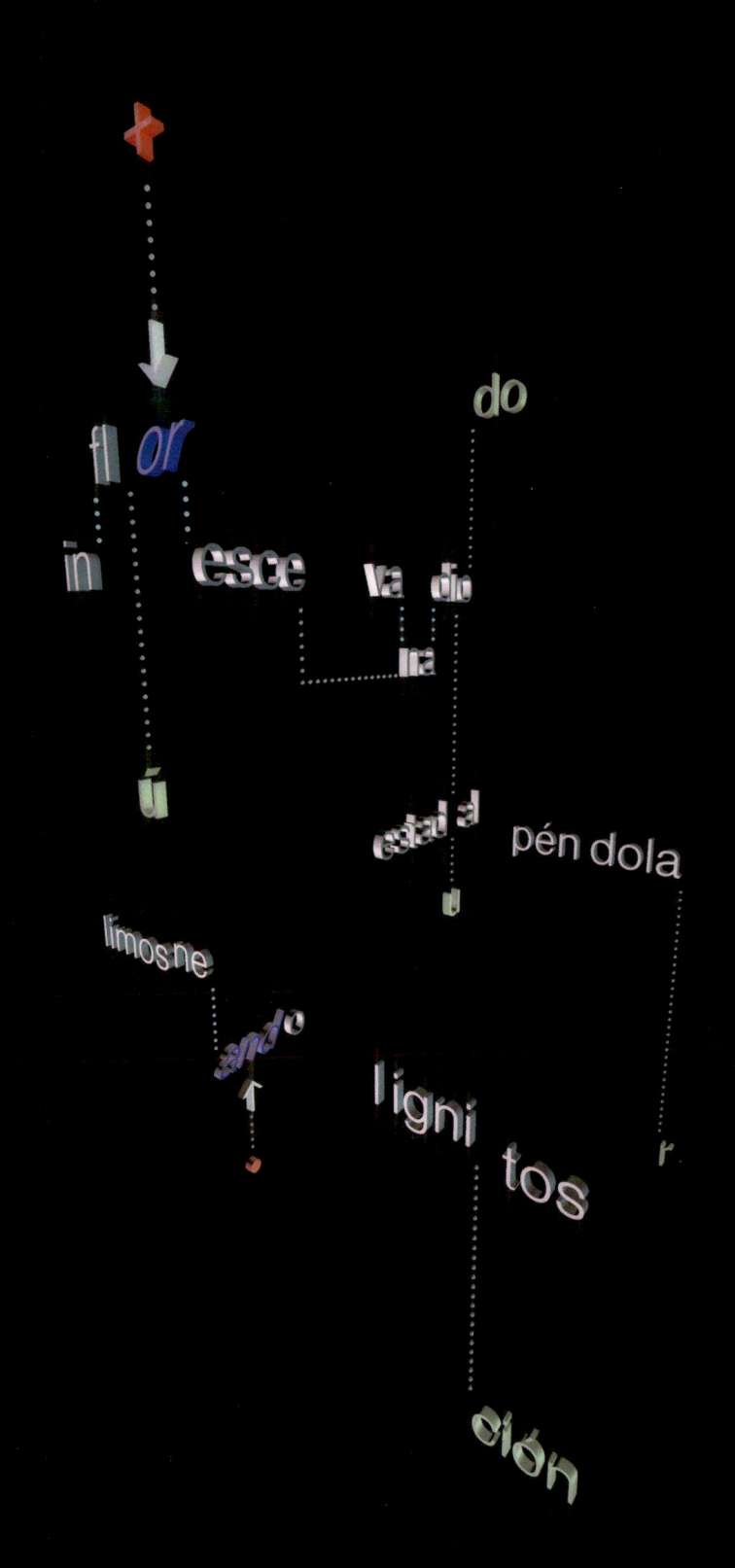

flor
in esce do
va do
lra
estada pén dola
u
limosne
ando
l igni tos
r
ción

ROTATIONS

FUZZYMOVE

PARTICLES

julio mendonça
são josé do rio preto (sp) 1958

zoomanosluz 1997

poética* 2017

tudo mente 2023

*para **alice ruiz**

ZOOMANOSLUZ

a palavra da ave

a lágrima do peixe

QUERTUDOMENTE
tudo muda tudo ama tudo quer

gabriela alonso
buenos aires 1963

milagre* 2018

poesia desordenada 2016

poesia performance 2020

* o poema joga com a palavra *milagro* ("milagre", em português) e com o nome de **milagro sala**, ativista que é presa política na argentina. (n. do o.)

esther ferrer
esta está sala

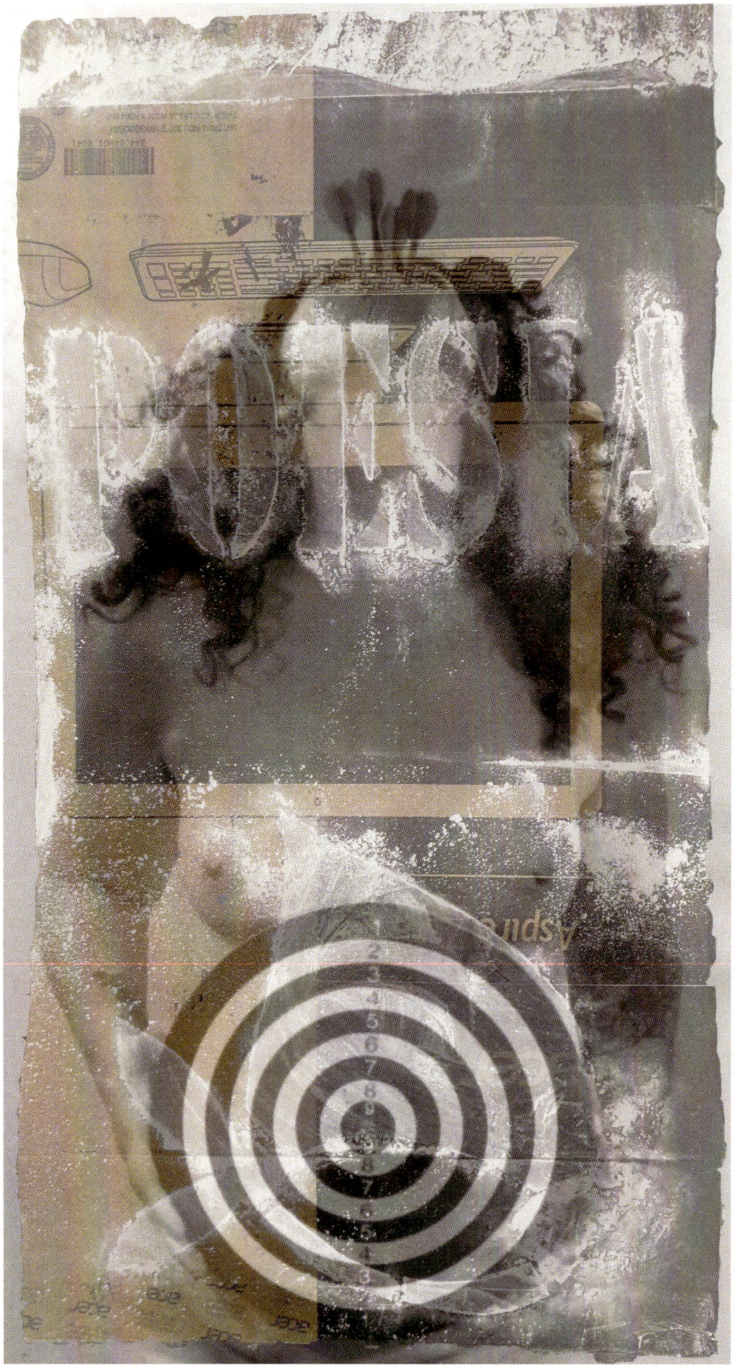
POESIA

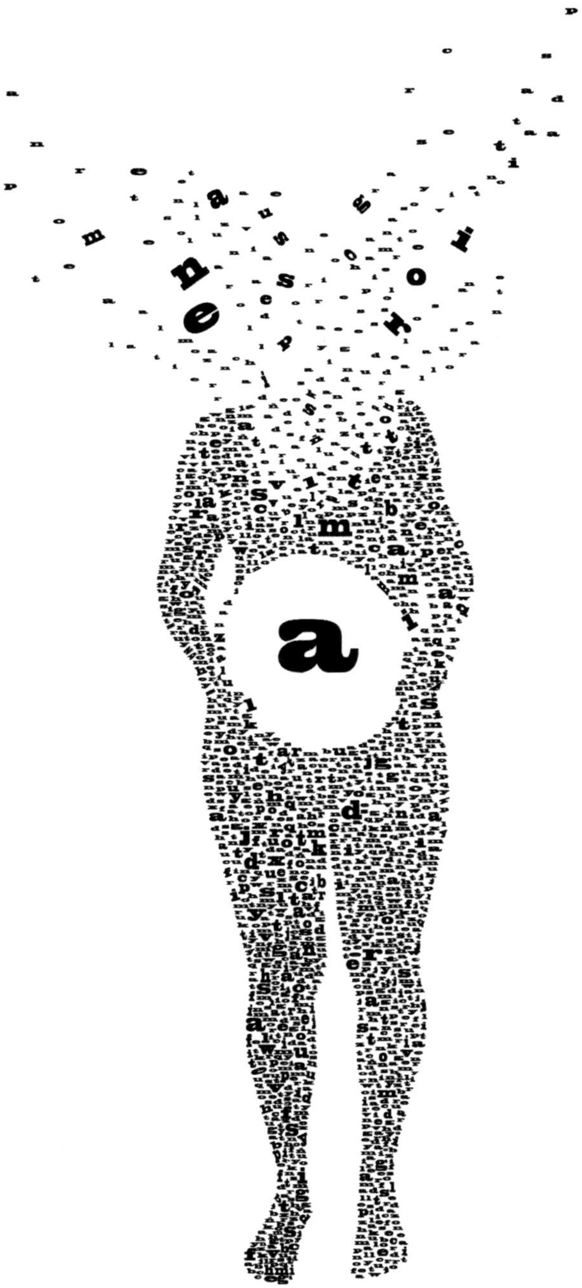

ana aly
são paulo 1985

olhar 1985

a viúva viva 2001

guarany 2020

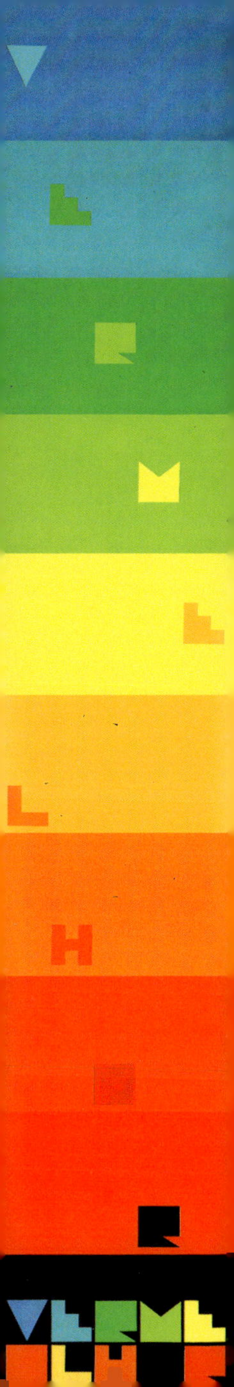

AVIVIVA

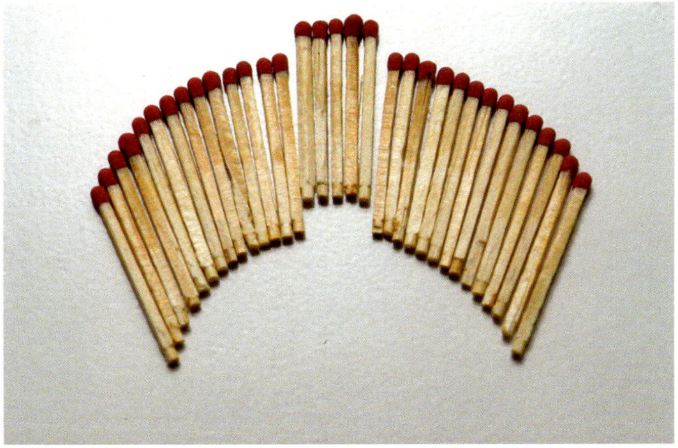
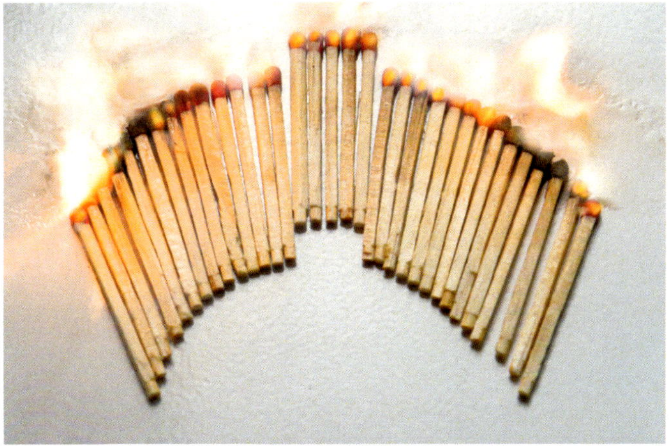
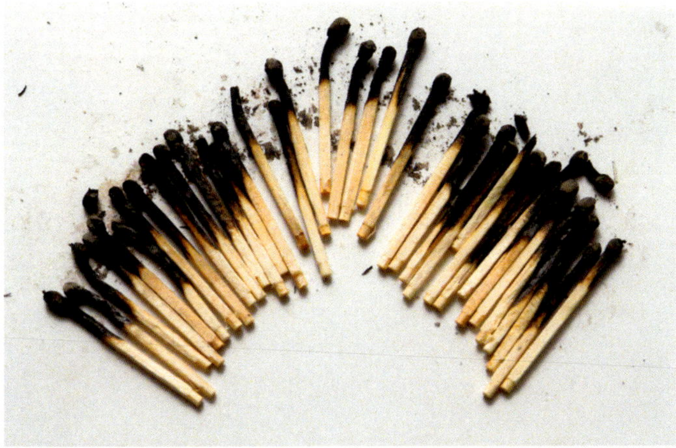
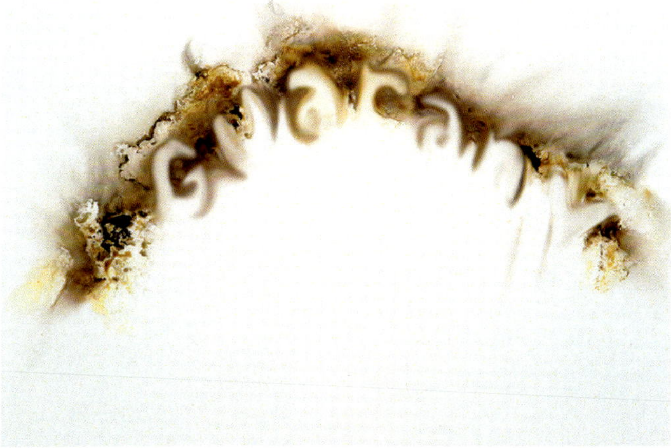

diego axel lazcano
buenos aires 1963

pensamentos e vivências em quarentena 2020

mandatos de família 2022

modelo vivo web 2022

aislamientoaislamientoaislamientoaislamientoaislamientoaislamientoaislamientoais

¡MIERDA!

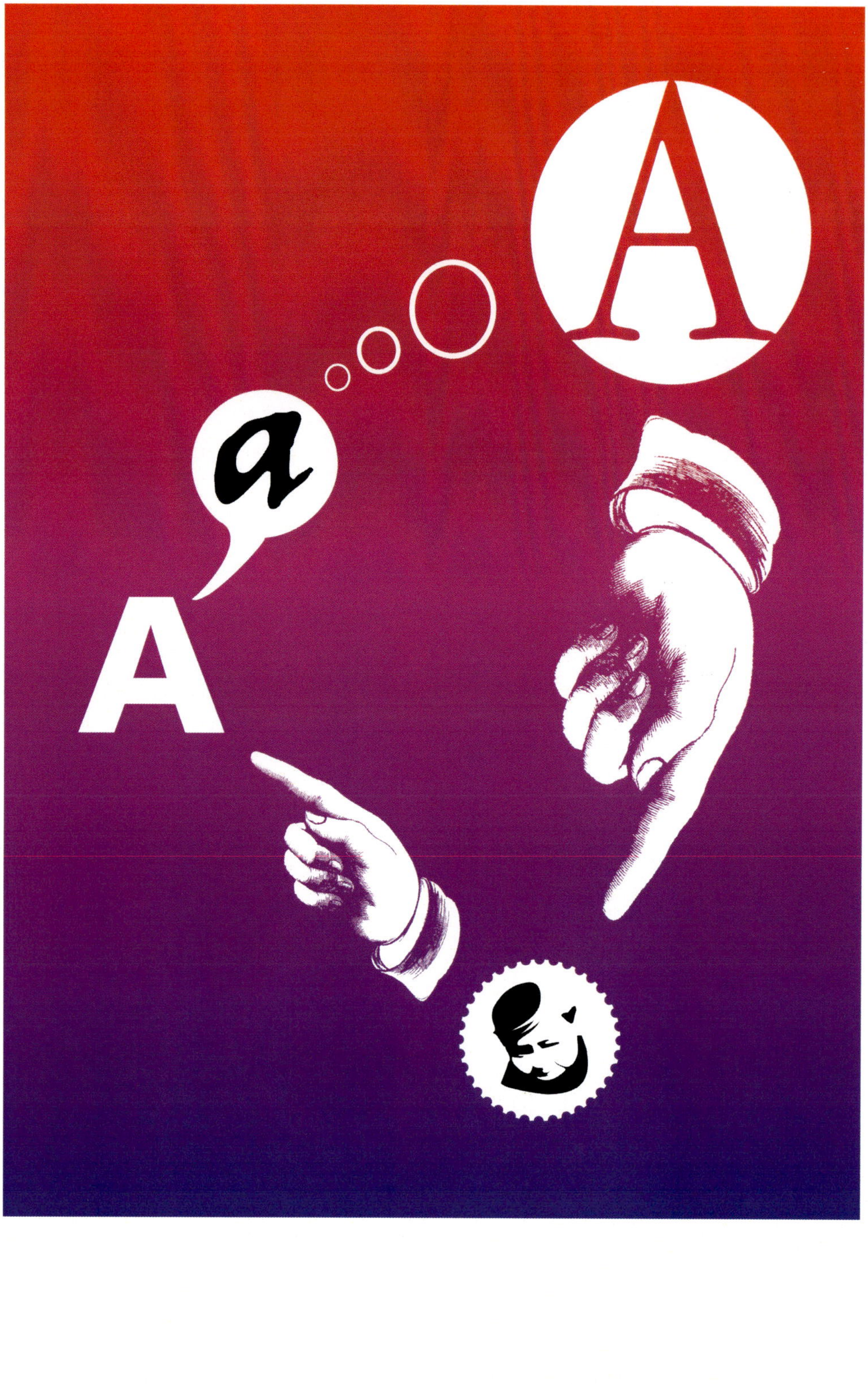
A
a
A

<!DOCTYPE html>

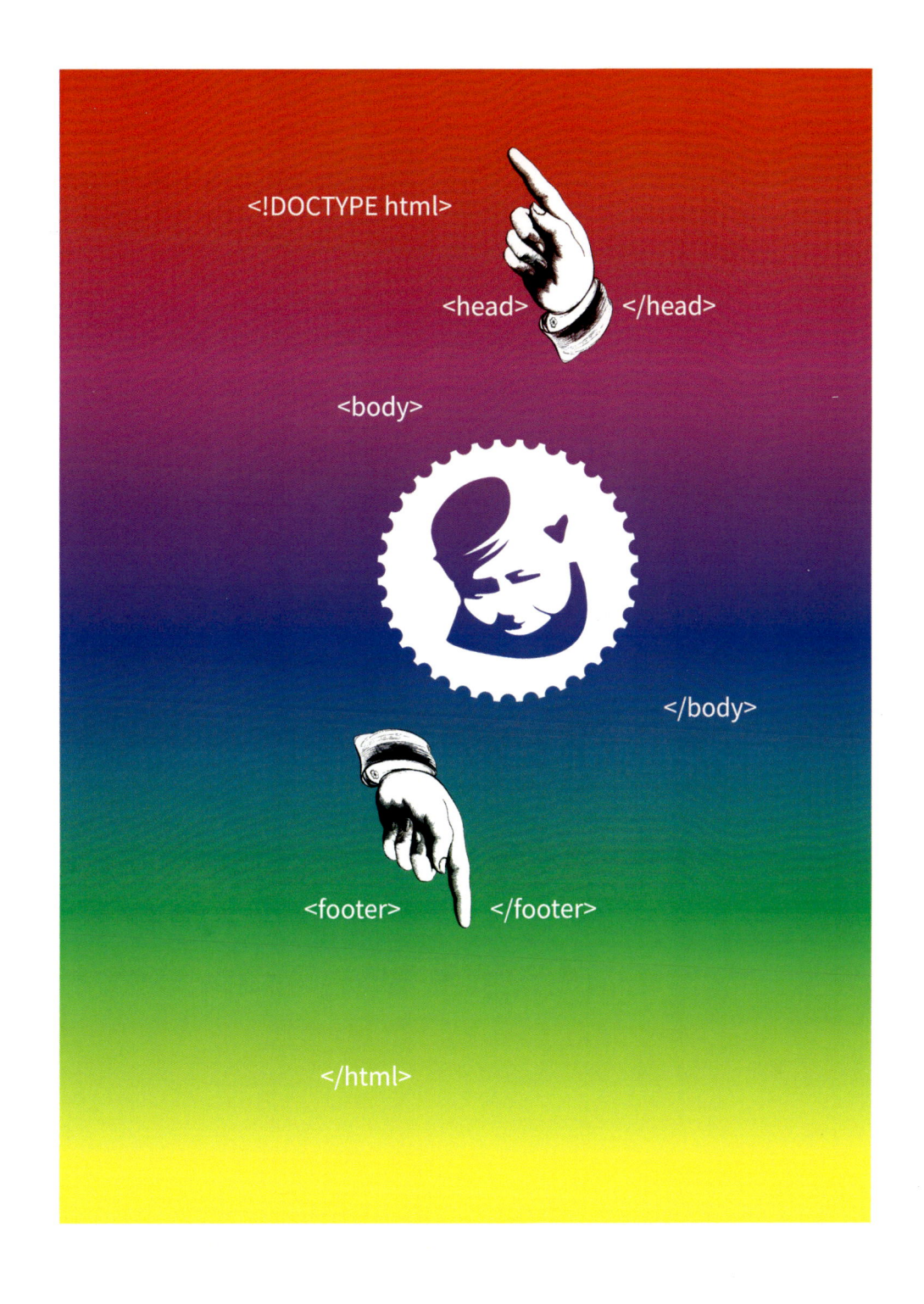

<head> </head>

<body>

</body>

<footer> </footer>

</html>

franklin valverde
são paulo 1959

semilla 2010

stop violence against women 2015

flor de aire 2021

```
m                    i                                                    l
   s     e     m     i     l     l     a           s
a        m           i     l     l           a                 s
s              e                       m                       i
s     e     m           i     l     l           a     d     a           s
m                             i                                         l
   s        e     m     i     l     l           a                 s
a        m           i     l     l           a                 s
s              e                       m                       i
         a           l           a           d           a                 s
m                             i                                         l
   s        e     m     i     l     l           a                 s
a        m           i     l     l           a                 s
s              e                       m                       i
         a     i     s     l           a     d     a           s
```

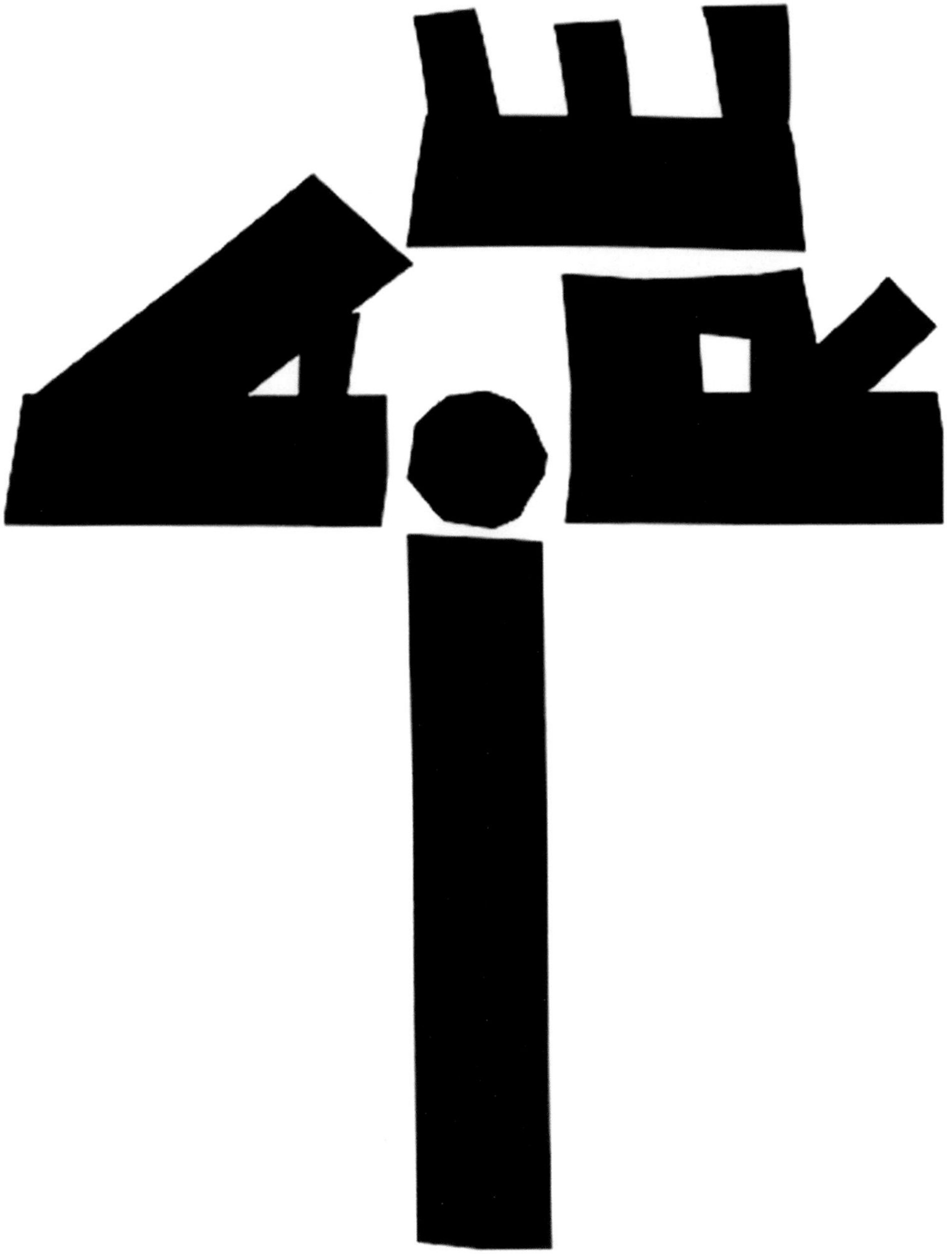

hugo masoero
álvarez 1965

pedem pão 2021

a roda 2022

a roleta de deus 2022

piden pan piden pan piden pan piden pan piden pan piden pan piden pan piden pan piden
no les dan no les dan no les dan no les dan no les dan no les dan no les dan no les dan no
piden queso piden queso piden queso piden queso piden queso piden queso piden queso piden queso
les dan hueso les dan hueso les dan hueso les dan hueso les dan hueso les dan hueso les dan hueso
piden pan piden pan piden pan piden pan piden pan piden pan piden pan piden pan piden
no les dan no les dan no les dan no les dan no les dan no les dan no les dan no les dan no
piden queso piden queso piden queso piden queso piden queso piden queso piden queso piden queso
les dan hueso les dan hueso les dan hueso les dan hueso les dan hueso les dan hueso les dan hueso
piden pan piden pan piden pan piden pan piden pan piden pan piden pan piden pan piden
no les dan no les dan no les dan no les dan no les dan no les dan no les dan no les dan no
piden queso piden queso piden queso piden queso piden queso piden queso piden queso piden queso
les dan hueso les dan hueso les dan hueso les dan hueso les dan hueso les dan hueso les dan hueso
piden pan piden pan piden pan piden pan piden pan piden pan piden pan piden pan piden
no les dan no les dan no les dan no les dan no les dan no les dan no les dan no les dan no
piden queso piden queso piden queso piden queso piden queso piden queso piden queso piden queso
les dan hueso les dan hueso les dan hueso les dan hueso les dan hueso les dan hueso les dan hueso
piden pan piden pan piden pan piden pan piden pan piden pan piden pan piden pan piden
no les dan no les dan no les dan no les dan no les dan no les dan no les dan no les dan no
piden queso piden queso piden queso piden queso piden queso piden queso piden queso piden queso
les dan hueso les dan hueso les dan hueso les dan hueso les dan hueso les dan hueso les dan hueso
piden pan piden pan piden pan piden pan piden pan piden pan piden pan piden pan piden
no les dan no les dan no les dan no les dan no les dan no les dan no les dan no les dan no
piden queso piden queso piden queso piden queso piden queso piden queso piden queso piden queso
les dan hueso les dan hueso les dan hueso les dan hueso les dan hueso les dan hueso les dan hueso
piden pan piden pan piden pan piden pan piden pan piden pan piden pan piden pan piden
no les dan no les dan no les dan no les dan no les dan no les dan no les dan no les dan no
piden queso piden queso piden queso piden queso piden queso piden queso piden queso piden queso

manipular
maltratar
apartar
callar
esclavizar
culpar
humillar
someter
negar
culpar
esclavizar
prostituir
callar
maltratar
humillar
prostituir
negar
discriminar
abandona
apartar
despojar
humillar
acosar
someter
culpar
mentir
manipular
abandonar
callar
prostituir
negar
discriminar
prostituir

REPOSAR
O
HONRAR
DESEAR
IDOLATRAR
UTILIZAR
codiciar
falsear
engañar
robar
matar

arnaldo antunes
são paulo 1960

anteapós 1998/2003

ver 2004

máximo 2008/2015

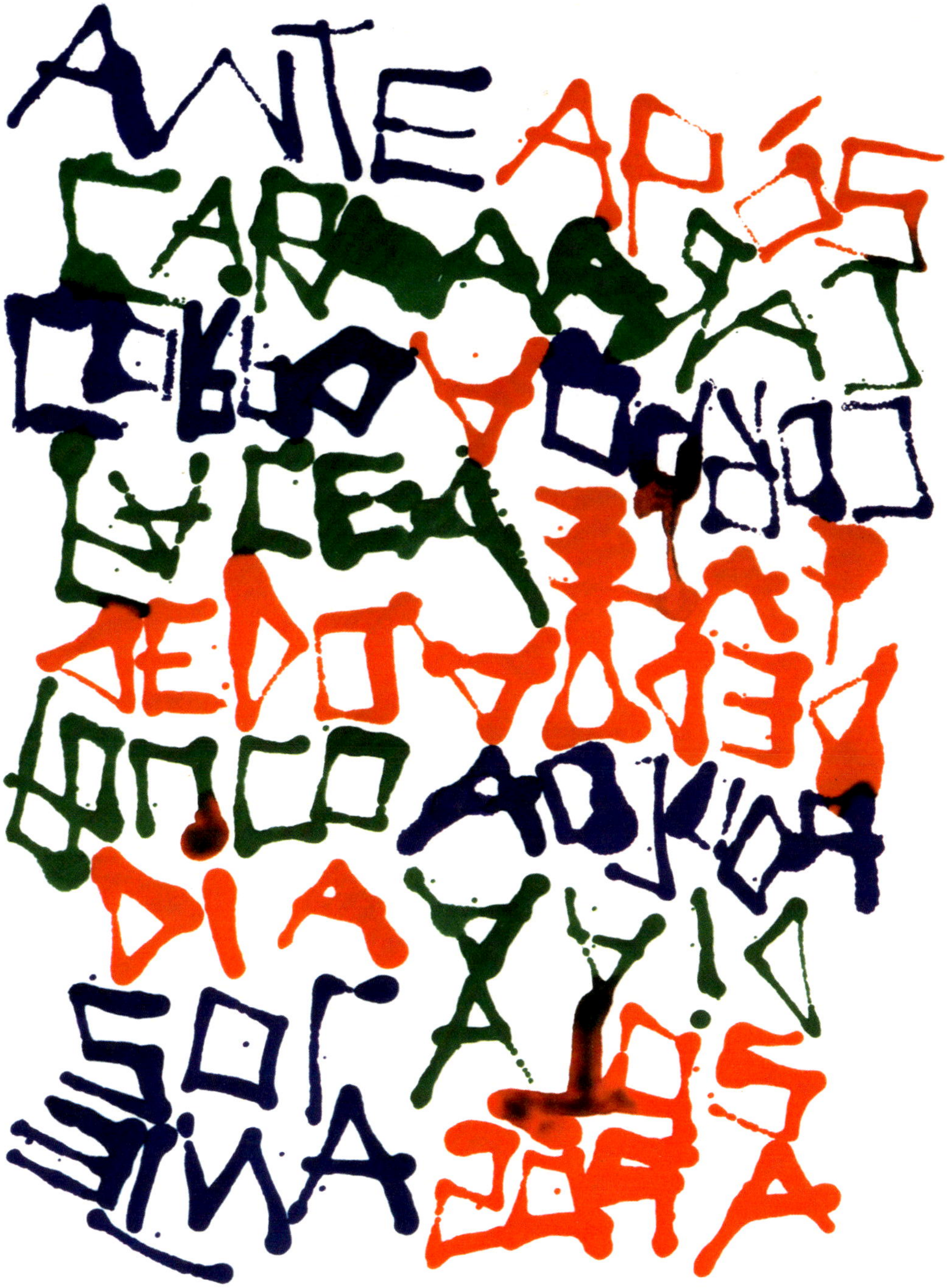
ANTE APÓS

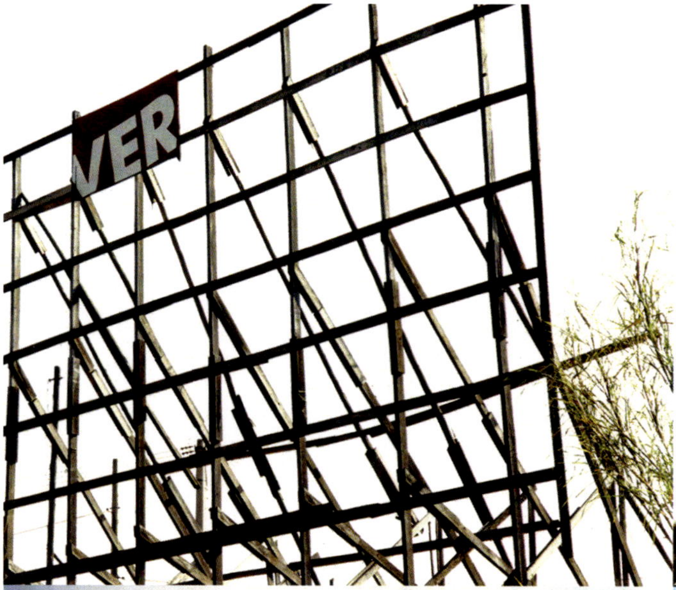
VER
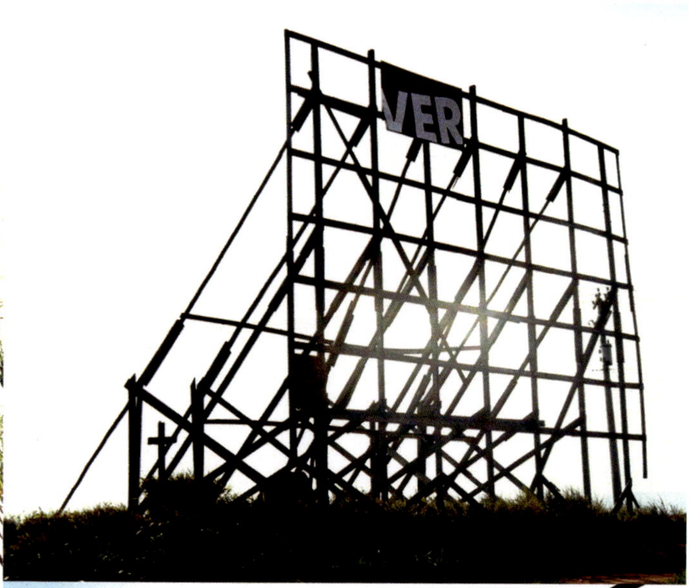
VER
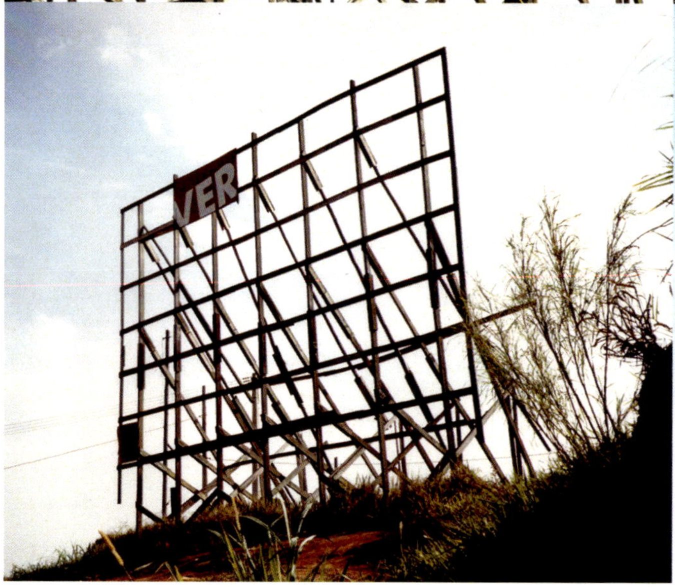
VER
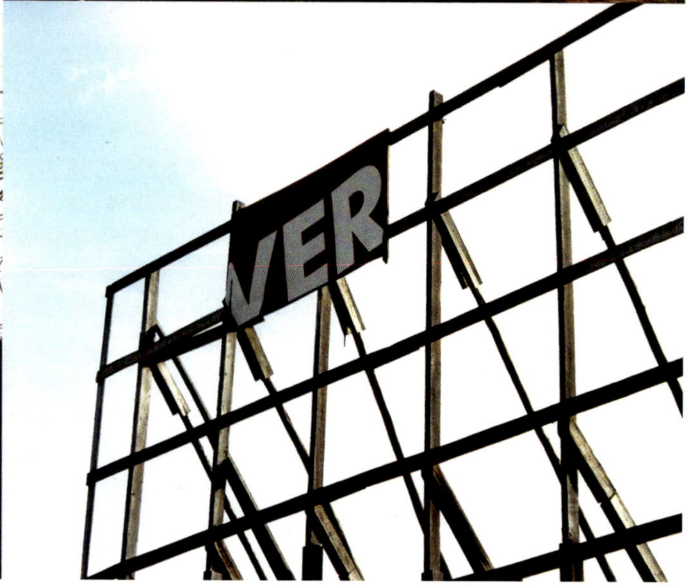
VER

excesso
timo
úl o
trem
ex o
cim
ino
p
max
clí
fim
o
top
co
pi
eu
apog
ge
au
ice
p
á
ulo
m cú
imo
máx

maría paula doberti
buenos aires 1966

tortura 2021

delmira 2022

direito à cidade 2022

TORTURA TORTURA TORTURA TORTURA TORTURA TORTURA TORTURA TORTURA TORTURA TORTURA
TORTURA TORTURA TORTURA TORTURA TORTURA TORTURA TORTURA TORTURA TORTURA TORTURA
TORTURA TORTURA TORTURA TORTURA TORTURA TORTURA TORTURA TORTURA TORTURA TORTURA
TORTURA TORTURA TORTURA TORTURA TORTURA TORTURA TORTURA TORTURA TORTURA TORTURA
TORTURA TORTURA TORTURA TORTURA TORTURA TORTURA TORTURA TORTURA TORTURA TORTURA
TORTURA TORTURA TORTURA TORTURA TORTURA TORTURA TORTURA TORTURA TORTURA TORTURA
TORTURA TORTURA TORTURA TORTURA TORTURA TORTURA TORTURA TORTURA TORTURA TORTURA
TORTURA TORTURA TORTURA TORTURA TORTURA TORTURA TORTURA TORTURA TORTURA TORTURA
TORTURA TORTURA TORTURA TORTURA TORTURA TORTURA TORTURA TORTURA TORTURA TORTURA
TORTURA TORTURA TORTURA TORTURA TORTURA TORTURA TORTURA TORTURA TORTURA TORTURA
TORTURA TORTURA TORTURA TORTURA TORTURA TORTURA TORTURA TORTURA TORTURA TORTURA
TORTURA TORTURA TORTURA TORTURA TORTURA TORTURA TORTURA TORTURA TORTURA TORTURA
TORTURA TORTURA TORTURA TORTURA TORTURA TORTURA TORTURA TORTURA TORTURA TORTURA
TORTURA TORTURA TORTURA TORTURA TORTURA TORTURA TORTURA TORTURA TORTURA TORTURA
TORTURA TORTURA TORTURA TORTURA TORTURA TORTURA TORTURA TORTURA TORTURA TORTURA
TORTURA TORTURA TORTURA TORTURA TORTURA TORTURA TORTURA TORTURA TORTURA TORTURA
TORTURA TORTURA TORTURA TORTURA TORTURA TORTURA TORTURA TORTURA TORTURA TORTURA
TORTURA TORTURA TORTURA TORTURA TORTURA TORTURA TORTURA TORTURA TORTURA TORTURA
TORTURA TORTURA TORTURA TORTURA TORTURA TORTURA TORTURA TORTURA TORTURA TORTURA
TORTURA TORTURA TORTURA TORTURA TORTURA TORTURA TORTURA TORTURA TORTURA TORTURA

agua
le doy
en mis manos

y él parece
beber
fuego

peligro latente

gastão debreix
guaiçara (sp) 1960

poesia 1991

complexover 2011

afônico 2018

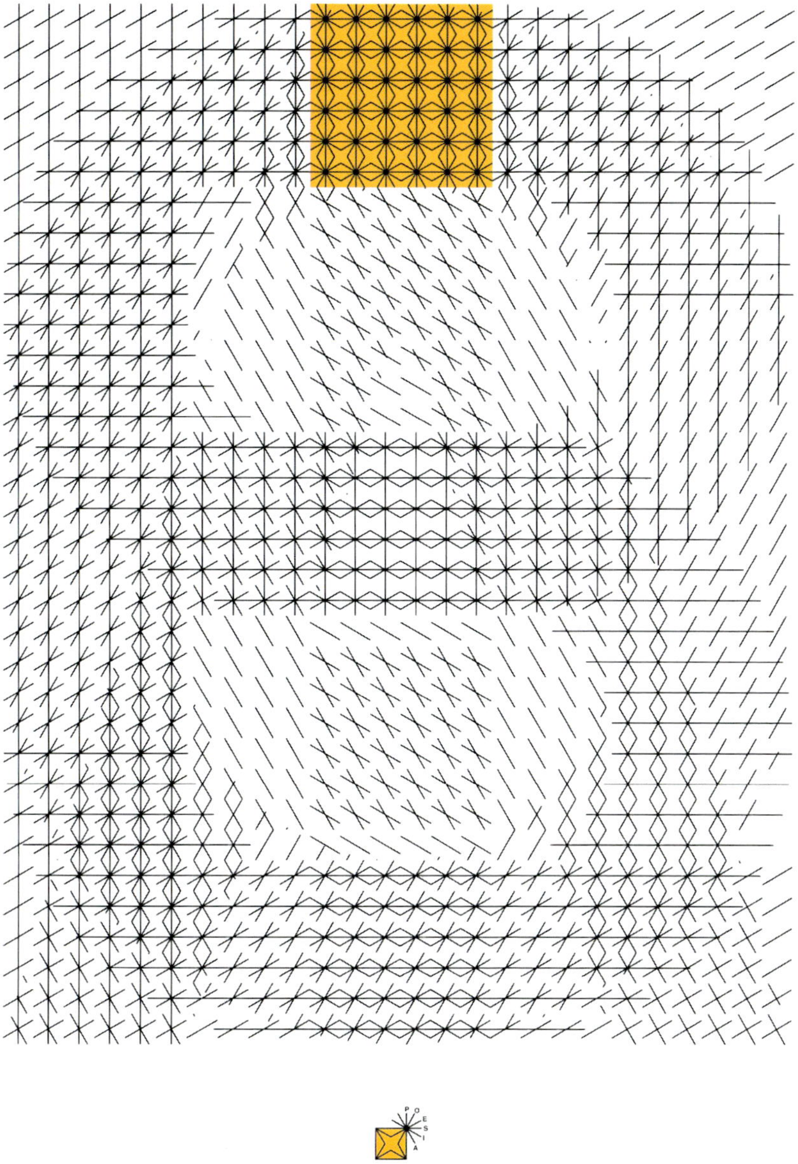
POESIA

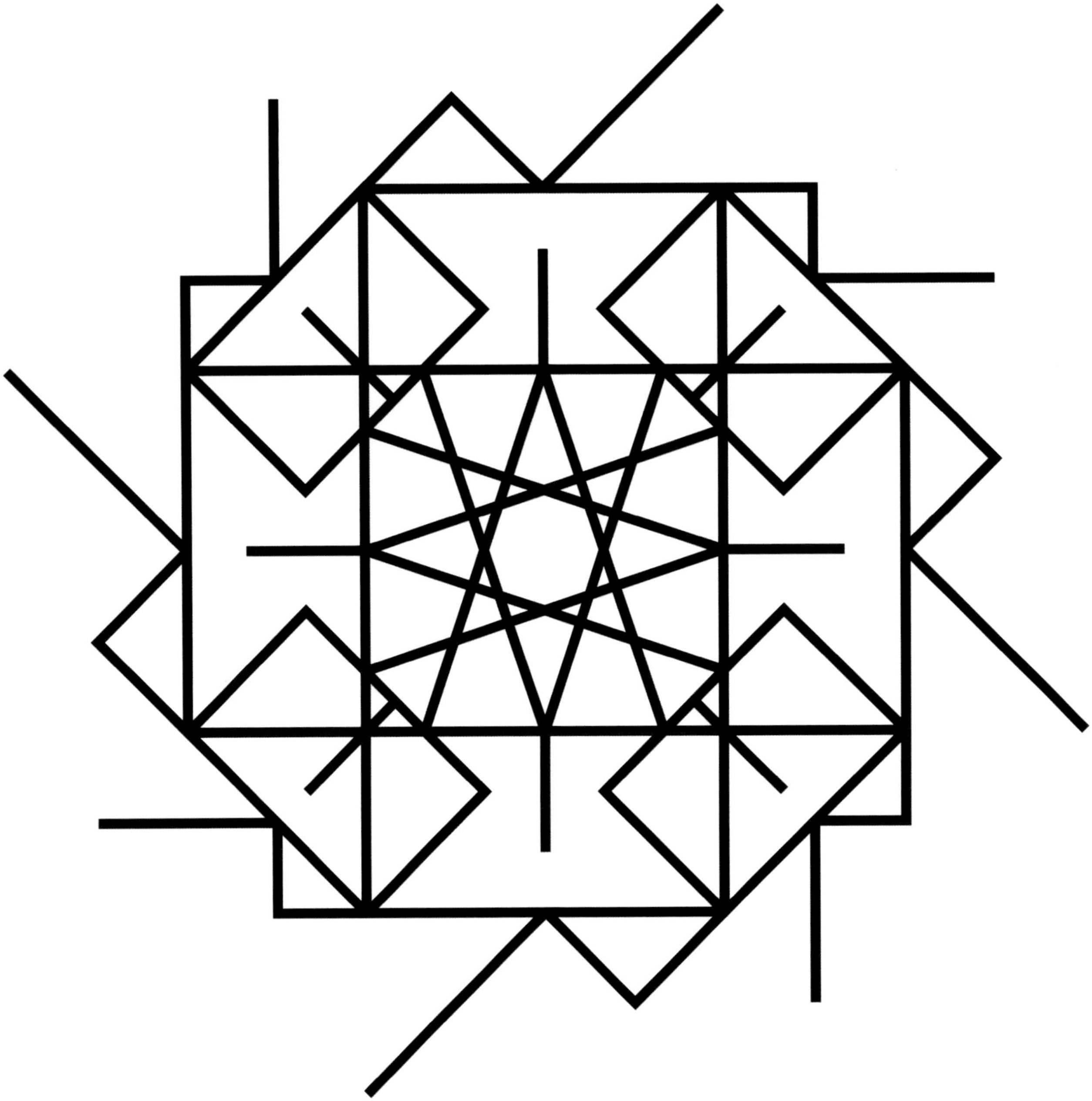

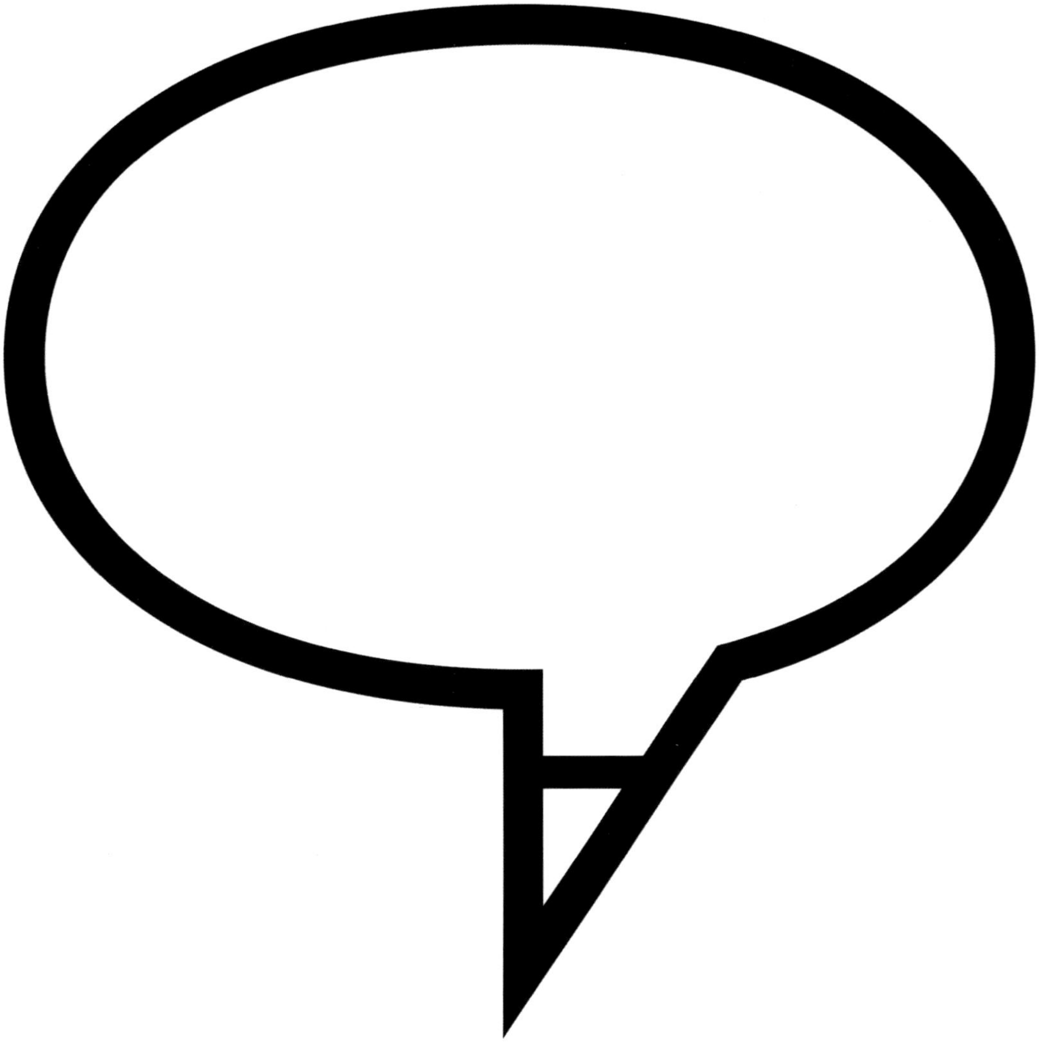

débora daich
buenos aires 1967

(grama) (grumo) (grado) 2013

(no jardim do pato) 2022

(distingo dois latidos) 2022

gramo ( ) grumo ( ) grado ( ) gramo ( ) grumo ( ) grado ( ) gramo ( )
grumo ( ) grado ( ) gramo ( ) grumo ( ) grado ( ) gramo ( ) grumo ( )
grado ( ) gramo ( ) grumo ( ) grado ( ) gramo ( ) grumo ( ) grado ( )
gramo ( ) grumo ( ) grado ( ) gramo ( ) grumo ( ) grado ( ) gramo ( )
grumo ( ) grado ( ) gramo ( ) grumo ( ) grado ( ) gramo ( ) grumo ( )
grado ( ) gramo ( ) grumo ( ) grado ( ) gramo ( ) grumo ( ) grado ( )
gramo ( ) grumo ( ) grado ( ) gramo ( ) grumo ( ) grado ( ) gramo ( )
grumo ( ) grado ( ) gramo ( ) grumo ( ) grado ( ) gramo ( ) grumo ( )
grado ( ) gramo ( ) grumo ( ) grado ( ) gramo ( ) grumo ( ) grado ( )
gramo ( ) grumo ( ) grado ( ) gramo ( ) grumo ( ) grado ( ) gramo ( )
grumo ( ) grado ( ) gramo ( ) grumo ( ) grado ( ) gramo ( ) grumo ( )
grado ( ) gramo ( ) grumo ( ) grado ( ) gramo ( ) grumo ( ) grado ( )
gramo ( ) grumo ( ) grado ( ) gramo ( ) grumo ( ) grado ( ) gramo ( )
grumo ( ) grado ( ) gramo ( ) grumo ( ) grado ( ) gramo ( ) grumo ( )
grado ( ) gramo ( ) grumo ( ) grado ( ) gramo ( ) grumo ( ) grado ( )
gramo ( ) grumo ( ) grado ( ) gramo ( ) grumo ( ) grado ( ) gramo ( )
grumo ( ) grado ( ) gramo ( ) grumo ( ) grado ( ) gramo ( ) grumo ( )
grado ( ) gramo ( ) grumo ( ) grado ( ) gramo ( ) grumo ( ) grado ( )
gramo ( ) grumo ( ) grado ( ) gramo ( ) grumo ( ) grado ( ) gramo ( )
grumo ( ) grado ( ) gramo ( ) grumo ( ) grado ( ) gramo ( ) grumo ( )
grado ( ) gramo ( ) grumo ( ) grado ( ) gramo ( ) grumo ( ) grado ( )
gramo ( ) grumo ( ) grado ( ) gramo ( ) grumo ( ) grado ( ) gramo ( )
grumo ( ) grado ( ) gramo ( ) grumo ( ) grado ( ) gramo ( ) grumo ( )
grado ( ) gramo ( ) grumo ( ) grado ( ) gramo ( ) grumo ( ) grado ( )
gramo ( ) grumo ( ) grado ( ) gramo ( ) grumo ( ) grado ( ) gramo ( )
grumo ( ) grado ( ) gramo ( ) grumo ( ) grado ( ) gramo ( ) grumo ( )
grado ( ) gramo ( ) grumo ( ) grado ( ) gramo ( ) grumo ( ) grado ( )
gramo ( ) grumo ( ) grado ( ) gramo ( ) grumo ( ) grado ( ) gramo ( )
grumo ( ) grado ( ) gramo ( ) grumo ( ) grado ( ) gramo ( ) grumo ( )
grado ( ) gramo ( ) grumo ( ) grado ( ) gramo ( ) grumo ( ) grado ( )
gramo ( ) grumo ( ) grado ( ) gramo ( ) grumo ( ) grado ( ) gramo ( )
grumo ( ) grado ( ) gramo ( ) grumo ( ) grado ( ) gramo ( ) grumo ( )
grado ( ) gramo ( ) grumo ( ) grado ( ) gramo ( ) grumo ( ) grado ( )
gramo ( ) grumo ( ) grado ( ) gramo ( ) grumo ( ) grado ( ) gramo ( )
grumo ( ) grado ( ) gramo ( ) grumo ( ) grado ( ) gramo ( ) grumo ( )

din del pato ( ) en el jardin del pato ( ) en
el jardin del pato ( ) en el jardin del pato ( )
) en el jardin del pato ( ) en el jardin del pato (
) en el jardin del pato ( ) en el jardin del pato (
jardin del pato ( ) en el jardin del pato ( ) en el jardi
n del pato ( ) en el jardin del pato ( ) en el jardin del pato (
en el jardin del pato ( ) en el jardin del pato ( ) en el jardin del pato (
) el jardin del pato ( ) en el jardin del pato ( ) en el jardin del pato (
en el jardin del pato ( ) en el jardin del pato ( ) en el jardin del pat
o ( ) en el jardin del pato ( ) en el jardin del pato ( ) en el jardin d
el pato ( ) en el jardin del pato ( ) en el jardin del pato ( ) en el jar
din del pato ( ) en el jardin del pato ( ) en el jardin del pato ( ) en
el jardin del pato ( ) en el jardin del pato ( ) en el jardin del pato (
) en el jardin del pato ( ) en el jardin del pato ( ) en el jardi

) en el jardin del pato ( ) en el jardin del pato (

n del pato ( ) en el jardin del pato (

) en el jardin del pato ( ) en el jardin del pato ( ) en el jardin del pato ( ) en el

) en el jardin del pato ( ) en el jardin del pato ( ) en el jardi
jardin del pato ( ) en el jardin del pato ( ) en el jardin del pato (
o ( ) en el jardin del pato ( ) en el jardin del pat
el pato ( ) en el jardin del pato ( ) en el jardin d
din del pato ( ) en el jardin del pato ( ) en el jar
el jardin del pato ( ) en el jardin del pato ( ) en
) en el jardin del pato ( ) en el jardin del pato ( )
n del pato ( ) en el jardin del pato ( ) en el jardi
o ( ) en el jardin del pato ( ) en el jardin del pat
el pato ( ) en el jardin del pato ( ) en el jardin d

(distingo (dos) ladridos) (distingo (dos) ladridos) (distingo (dos) ladridos) (distingui (dos) ladridos) (distingui (dos) ladridos) (distingui (dos) ladridos) (distingo (dos) ladridos) (distingo (dos) ladridos) (distingo (dos) ladridos) (distingui (dos) ladridos) (distingui (dos) ladridos) (distingui (dos) ladridos) (distingo (dos) ladridos) (distingo (dos) ladridos) (distingo (dos) ladridos) (distinguí (dos) ladridos) (distinguí (dos) ladridos) (distinguí (dos) ladridos) (di

gil jorge
santo andré (sp) 1960

vampiros I 1983

premissa 1992

ócios do ofício 2016

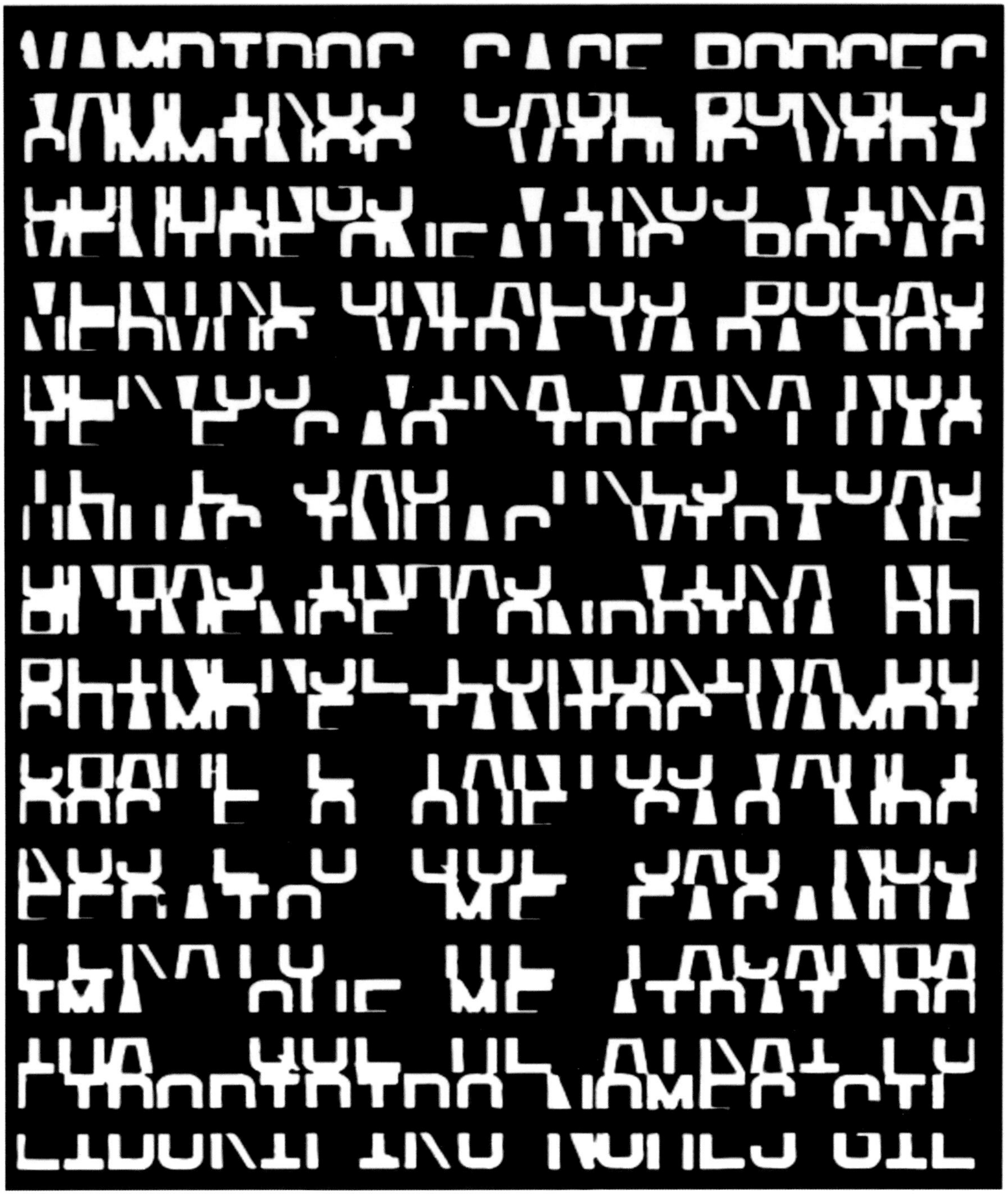

ROOSEVELT
FIELD
RECORDING
FOR DINER
RECORDING
FOR DESK

P() R ()RA
NADA ESCRIT()
ADI() () DIA
()SS()S
D() ()CI()
S() VAZI()S
N() PAPEL
()FÍCI()

alejandro thornton
buenos aires 1970

poder e razão 2019

isto também é uma imagem 2011

não volte 2011

P

ESTO
TAMBIEN
ES UNA
IMAGEN

NO VUELVAS

andré vallias
são paulo 1963

moteto para lima barreto 2017

as instituições estão funcionando 2018

ele e eu (sobre canção de gilberto gil) 2022

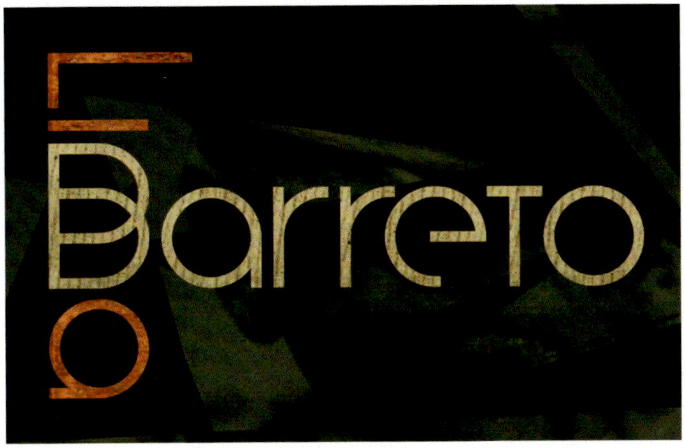
Barreto

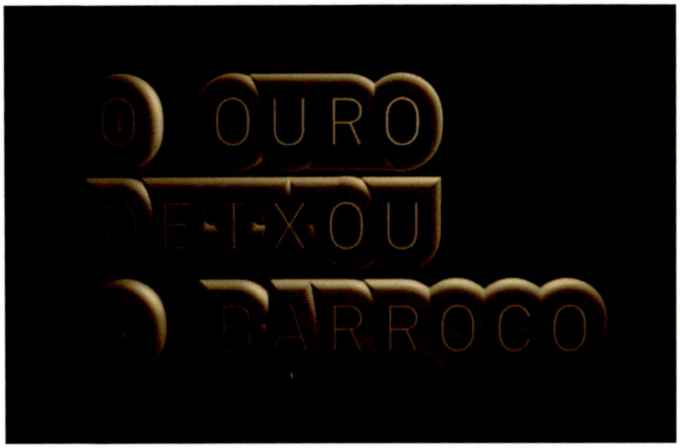
O OURO
DEIXOU
O BARROCO

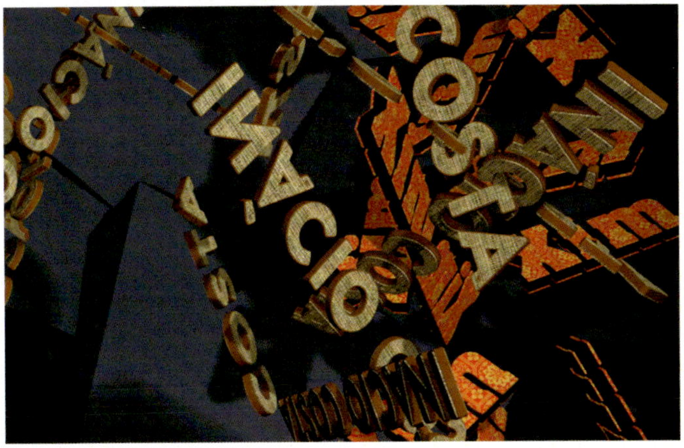

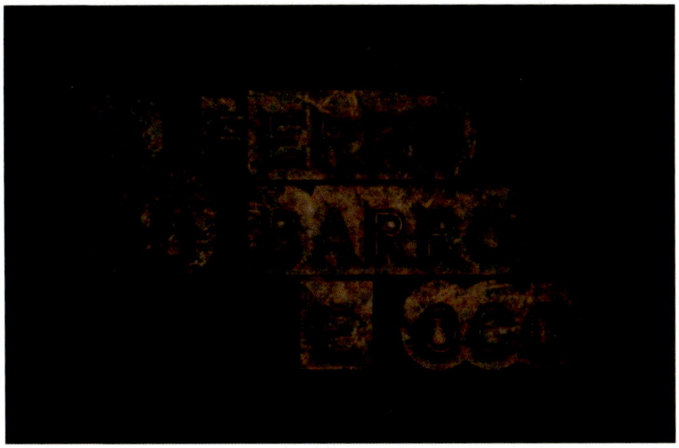

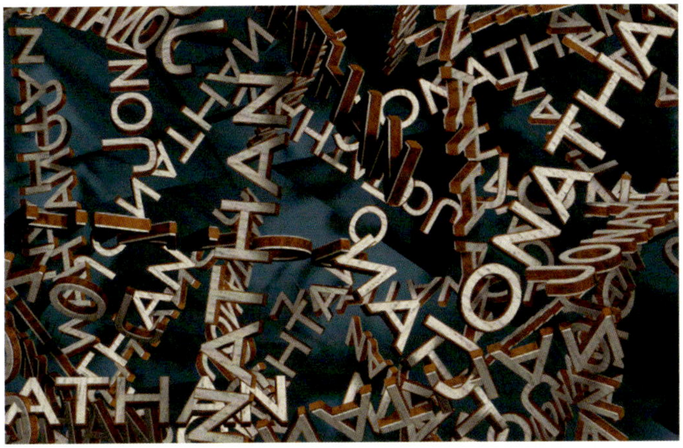

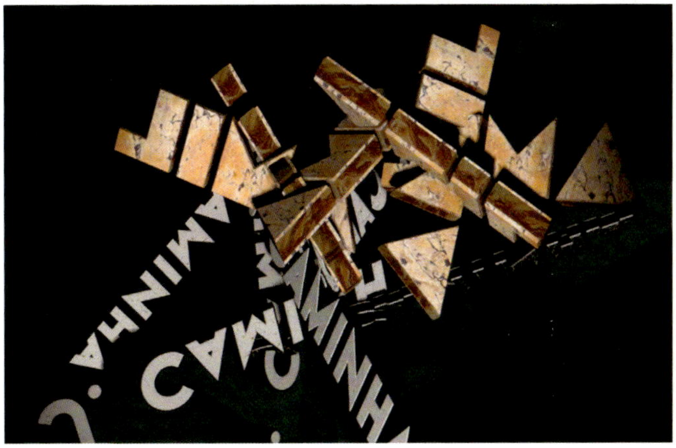

as instituições estão funcionando
as instituições estão funcionanda
as instituições estão funcionanxx
as instituições estão funcionaxxx
as instituições estão funcionxxxx
as instituições estão funcioxxxxx
as instituições estão funcixxxxxx
as instituições estão funcxxxxxxx
as instituições estão funxxxxxxxx
as instituições estão fuxxxxxxxxx
as instituições estão fxxxxxxxxxx
as instituições estão xxxxxxxxxxx
as instituições estãoxxxxxxxxxxxx
as instituições estãxxxxxxxxxxxxx
as instituições estxxxxxxxxxxxxxx
as instituições esxxxxxxxxxxxxxxx
as instituições exxxxxxxxxxxxxxxx
as instituições xxxxxxxxxxxxxxxxx
as instituiçõesxxxxxxxxxxxxxxxxxx
as instituiçõexxxxxxxxxxxxxxxxxxx
as instituiçõxxxxxxxxxxxxxxxxxxxx
as instituiçxxxxxxxxxxxxxxxxxxxxx
as instituixxxxxxxxxxxxxxxxxxxxxx
as instituxxxxxxxxxxxxxxxxxxxxxxx
as instituxxxxxxxxxxxxxxxxxxxxxxxx
as instixxxxxxxxxxxxxxxxxxxxxxxxx
as instxxxxxxxxxxxxxxxxxxxxxxxxxx
as insxxxxxxxxxxxxxxxxxxxxxxxxxxx
as inxxxxxxxxxxxxxxxxxxxxxxxxxxxx
as ixxxxxxxxxxxxxxxxxxxxxxxxxxxxx
as xxxxxxxxxxxxxxxxxxxxxxxxxxxxxx
asxxxxxxxxxxxxxxxxxxxxxxxxxxxxxxx
axxxxxxxxxxxxxxxxxxxxxxxxxxxxxxxx
xxxxxxxxxxxxxxxxxxxxxxxxxxxxxxxxx

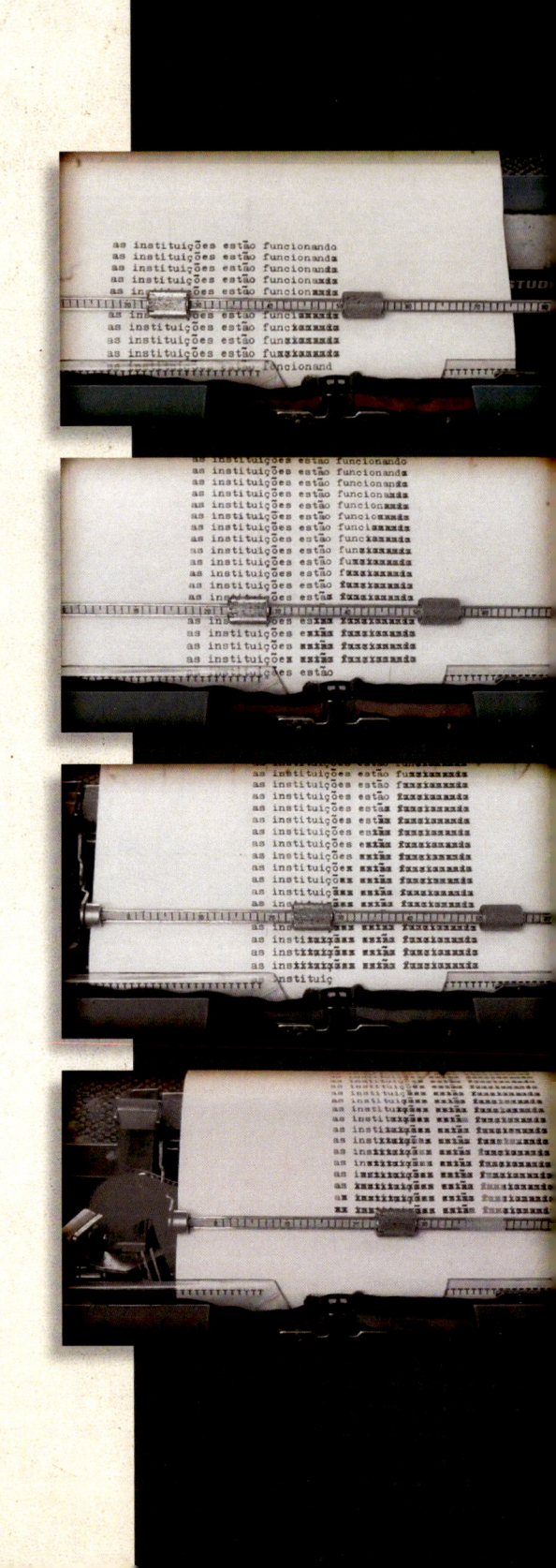

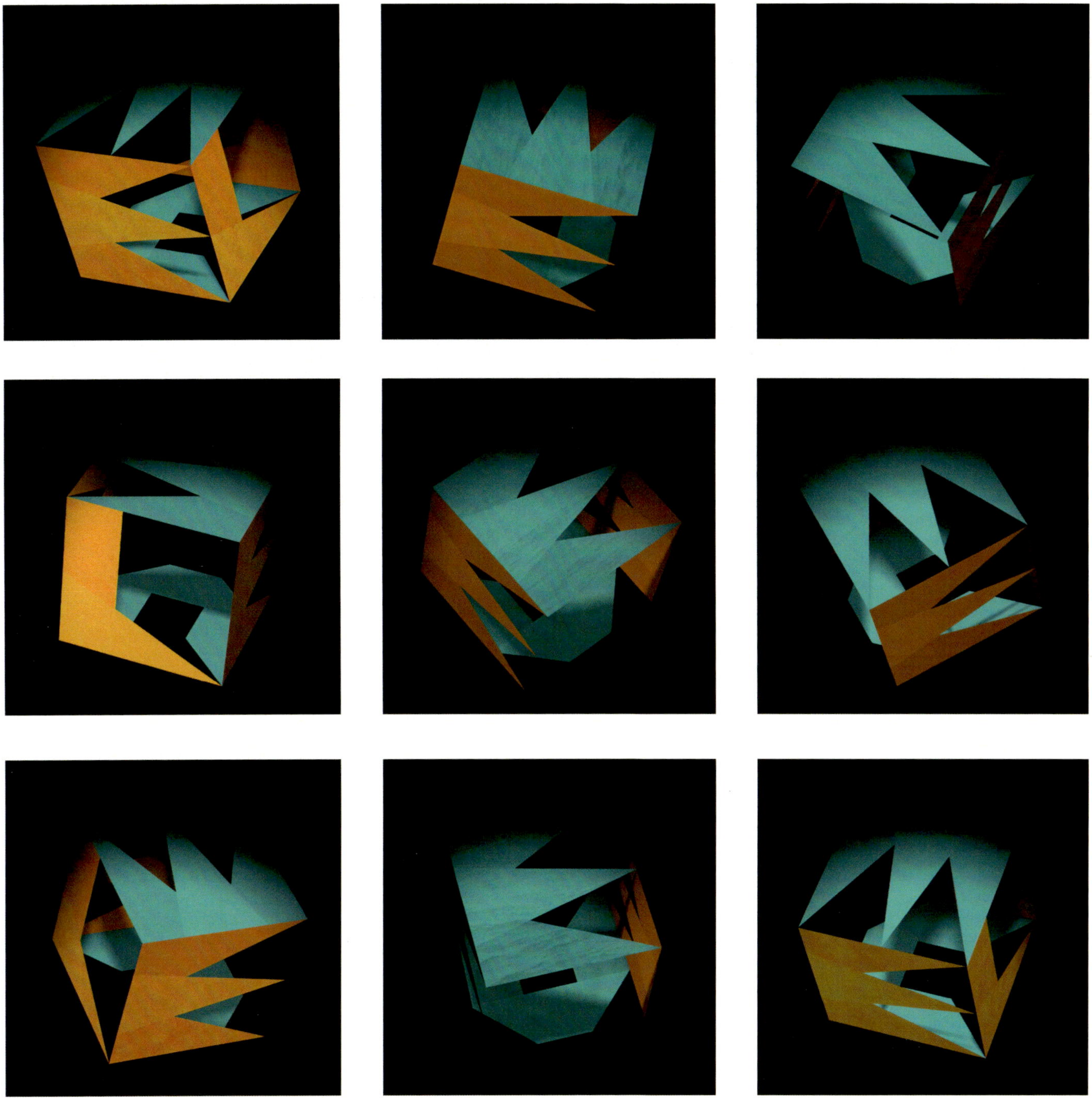

omaromar
buenos aires 1970

conjunção copulativa, o sinal 2022

naves 2022

rastros 2022

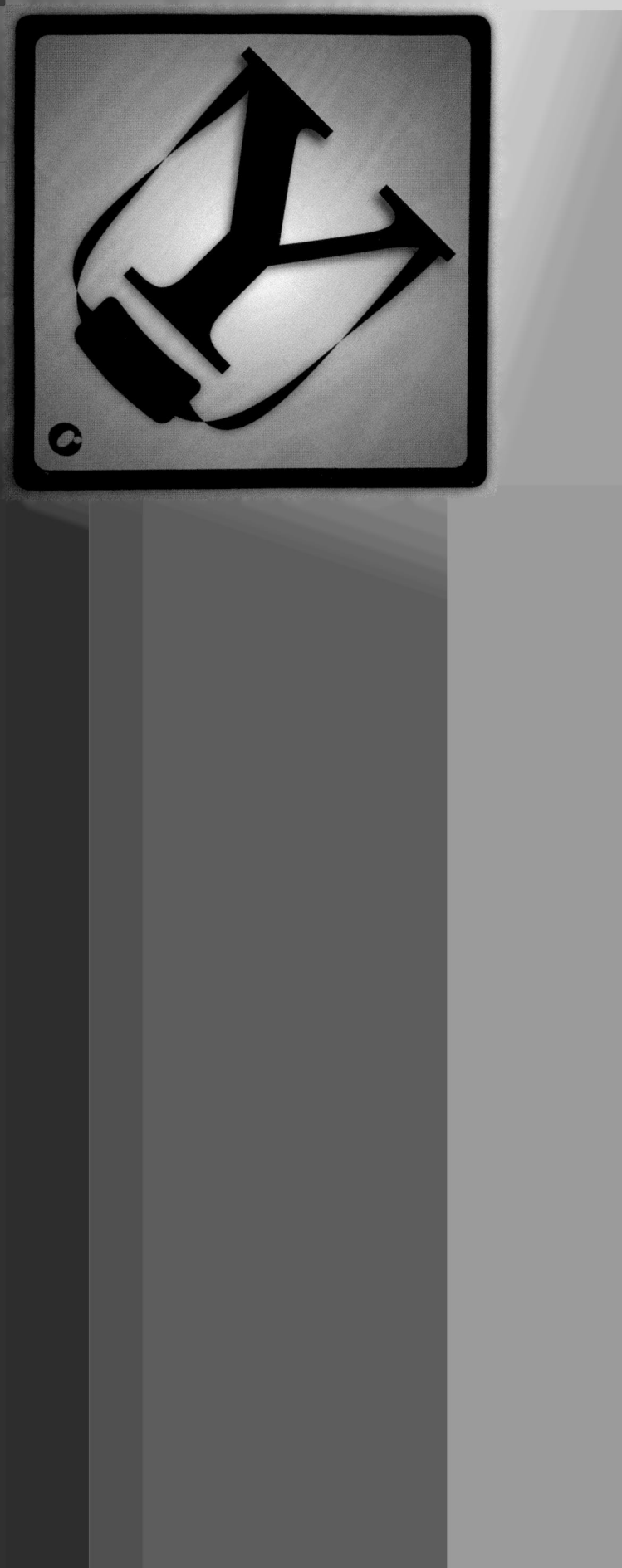

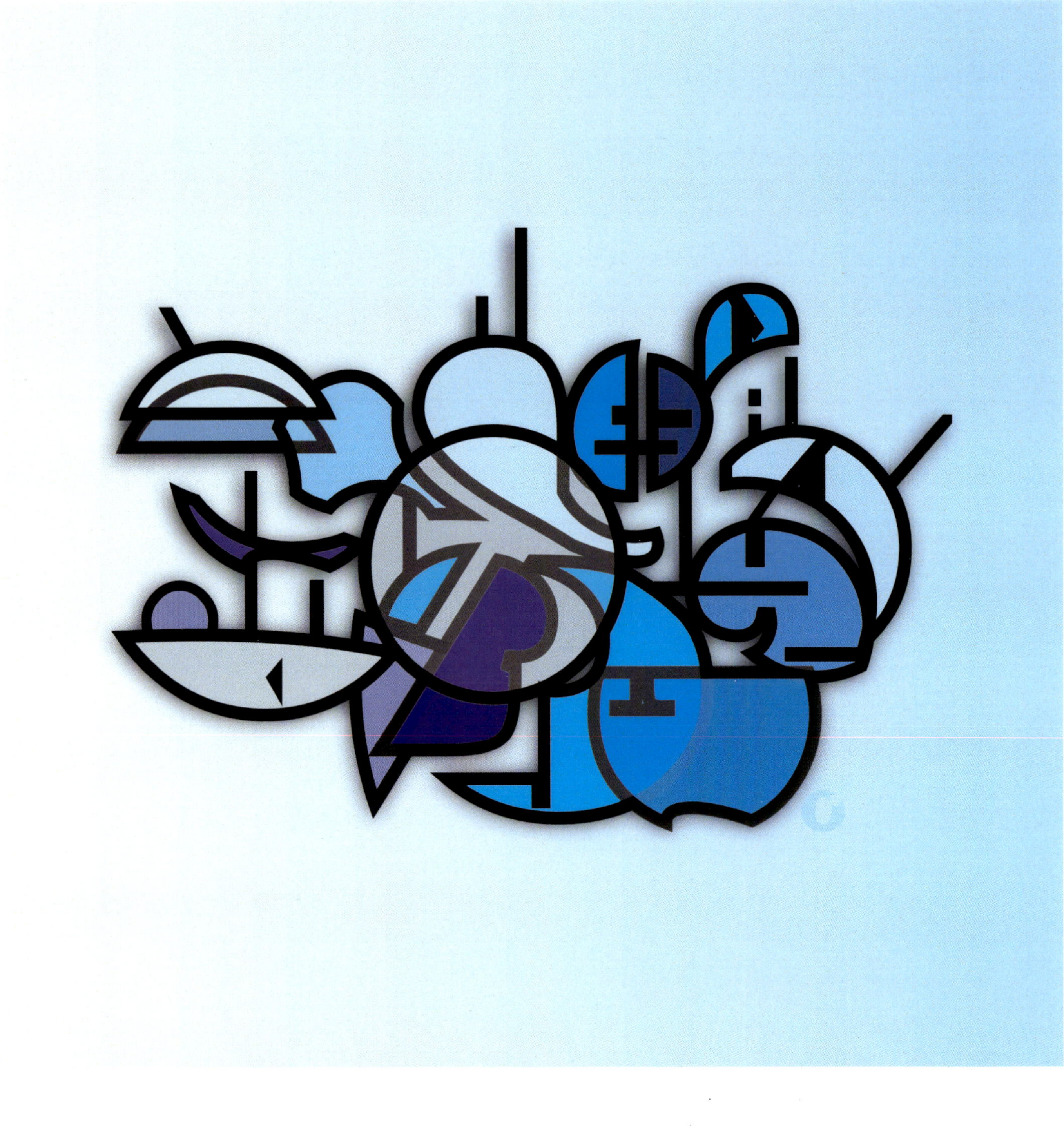

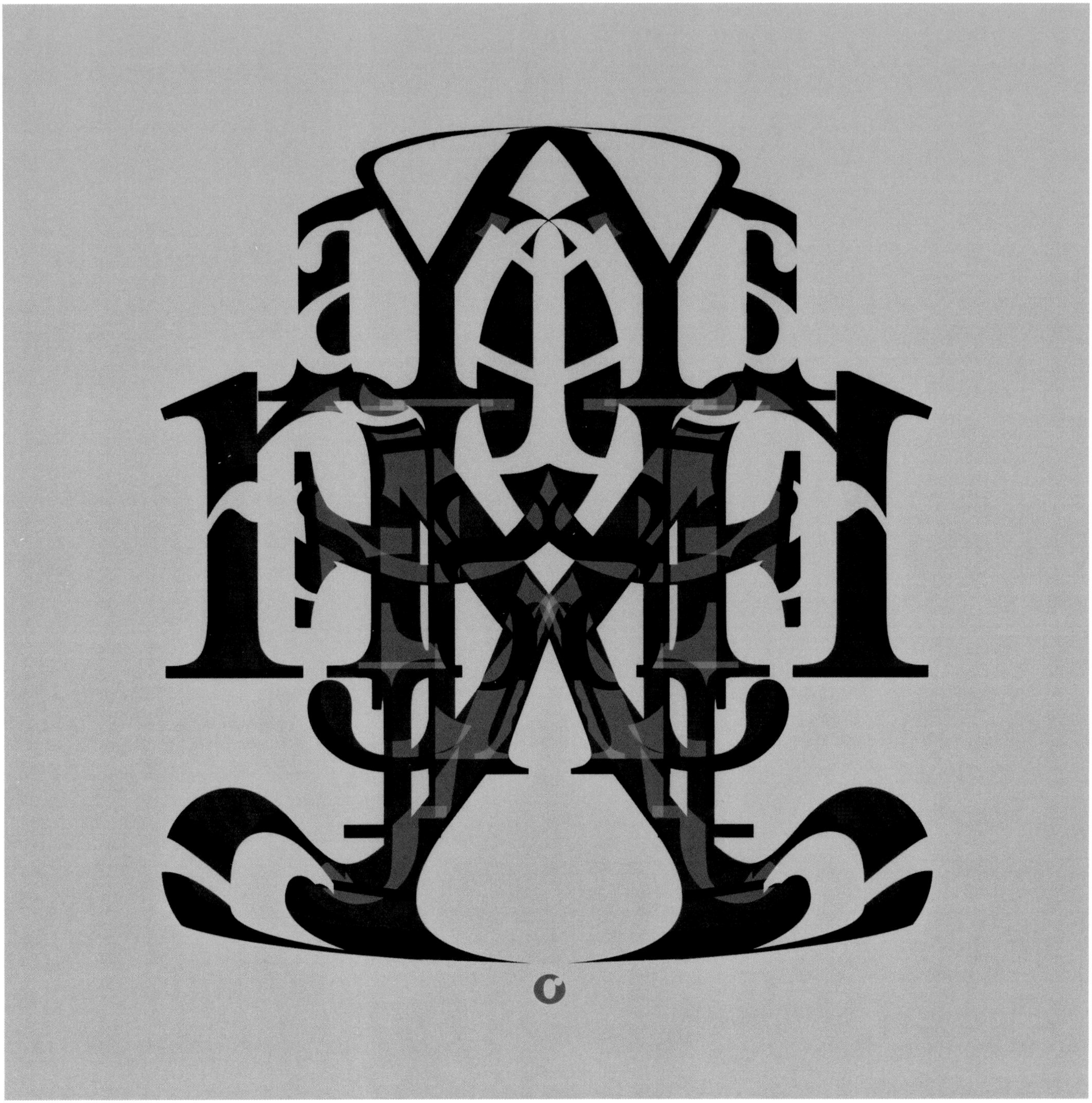

avelino de araújo
patu (rn) 1963

apartheid soneto 1988

longe 2020

geneticamente modificado 2020

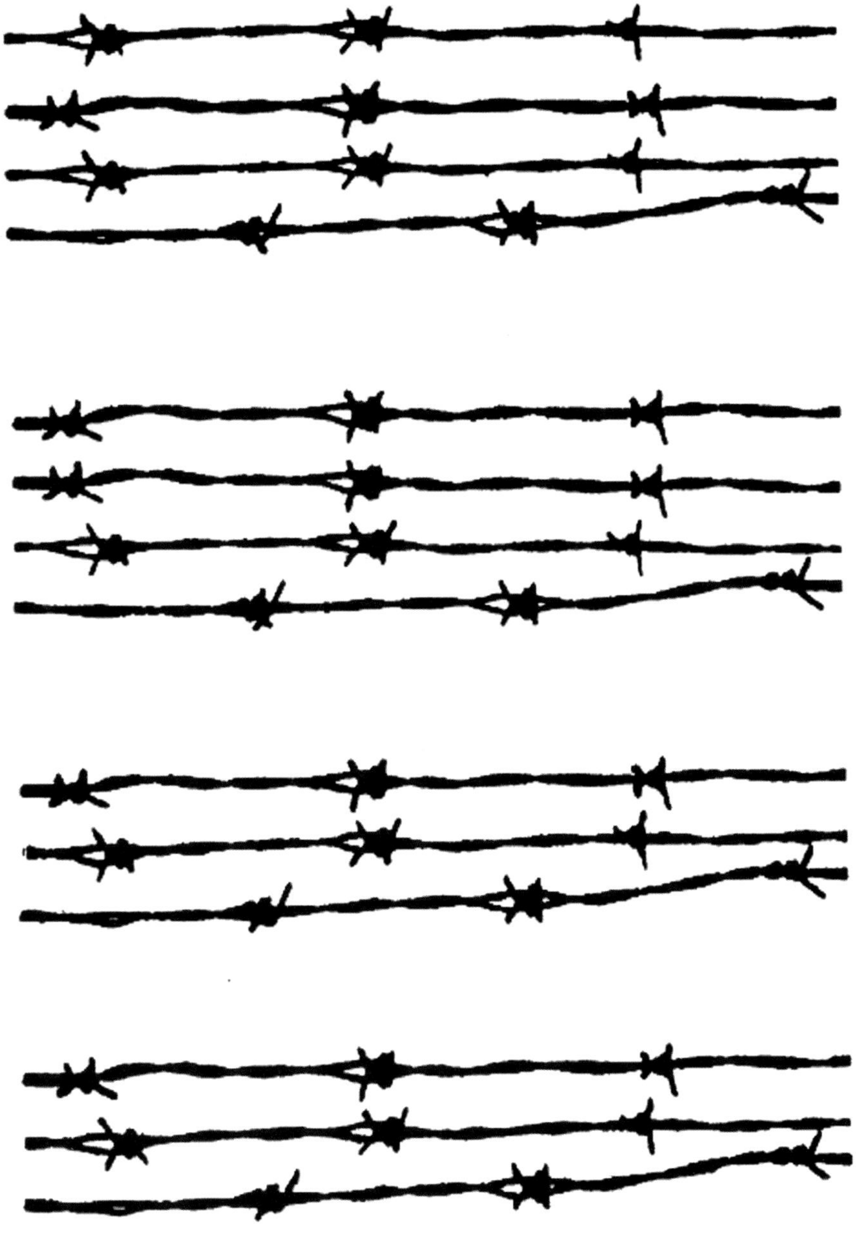

ONGE

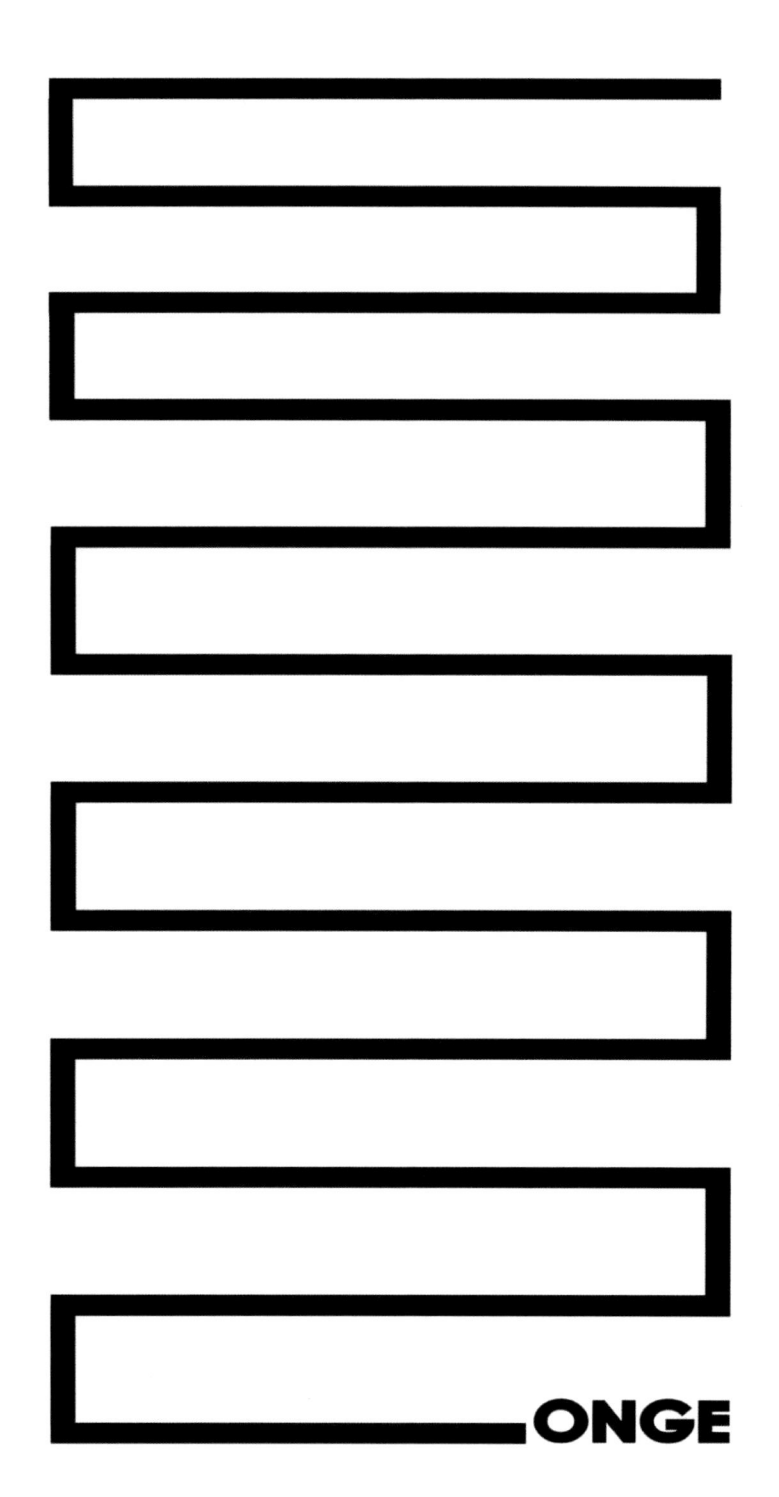

ro barragán
la plata 1970

poema 35 2020

never_ever 2021

waiting 2021

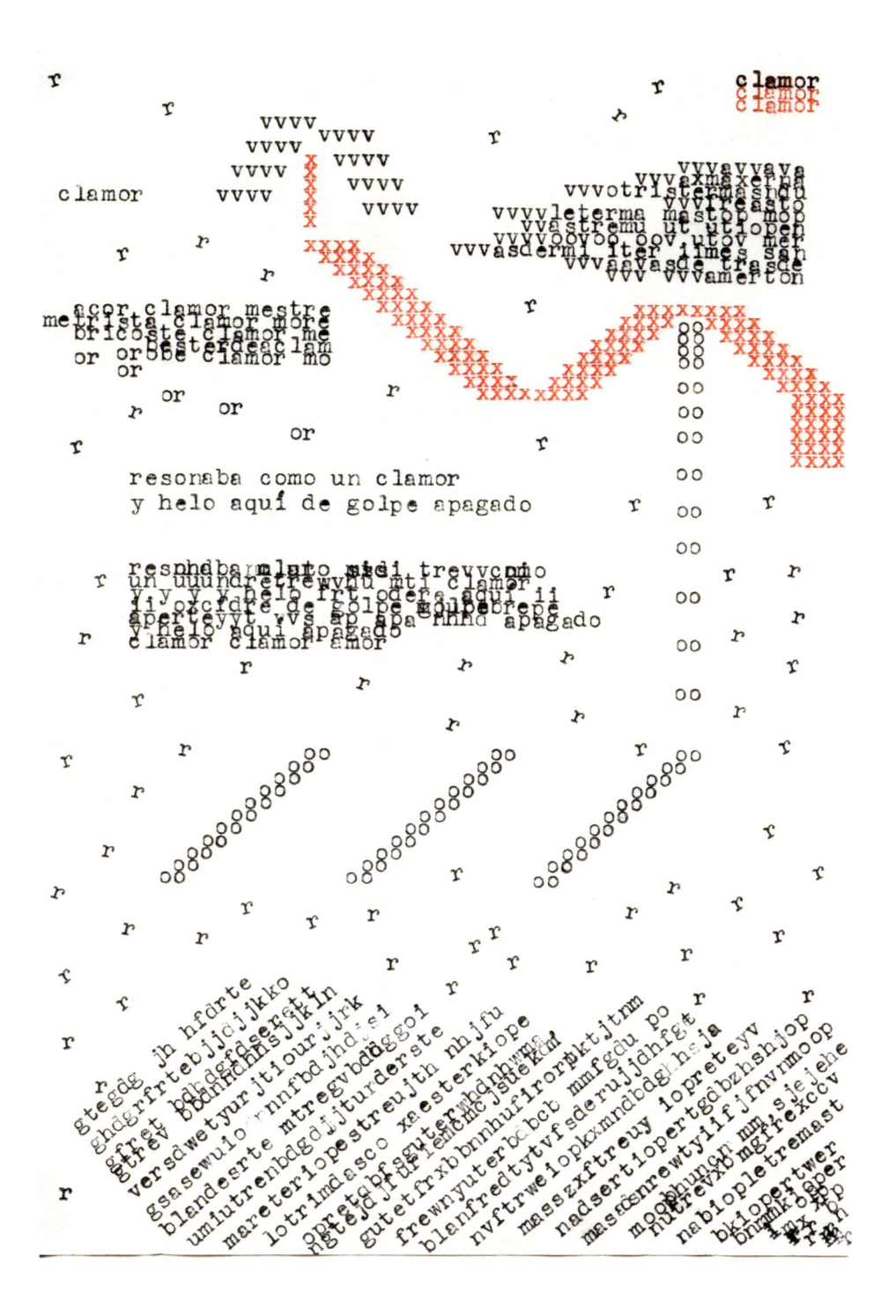

- clamor (top right, repeated in black and red/orange)
- clamor (middle left)
- acor clamor mestre / brista clamor mor / or or be clamor mo / ester deaclam / or / or or
- resonaba como un clamor
- y helo aquí de golpe apagado
- (overlapping block) un uuundretrewvhu mti clamor / yiyyyhelo frt odera aquí ii / lioxcrote de golpe golpebrepe / aperteyyt yvs ap apa rnnd apagado / y helo aquí apagado / clamor clamor amor
- scattered "r" letters throughout
- rows of "vvvv" and "xxxx" and "oo" forming shapes
- bottom diagonal block of random typed letters (gtegdg jh hfdrte / ghdgrfrtebijdjjkko / gfret bdhdgfdserett... etc.)

never ever mind is EVER off

WAITING
A MESSAGE
ALONE
WAS
NEVER
EVER
OFFERED
NEVER

elson fróes
são paulo 1963

autópsia das utopias 1986

bomba zen 1993

a beij o lor f 2022

UTOPIA

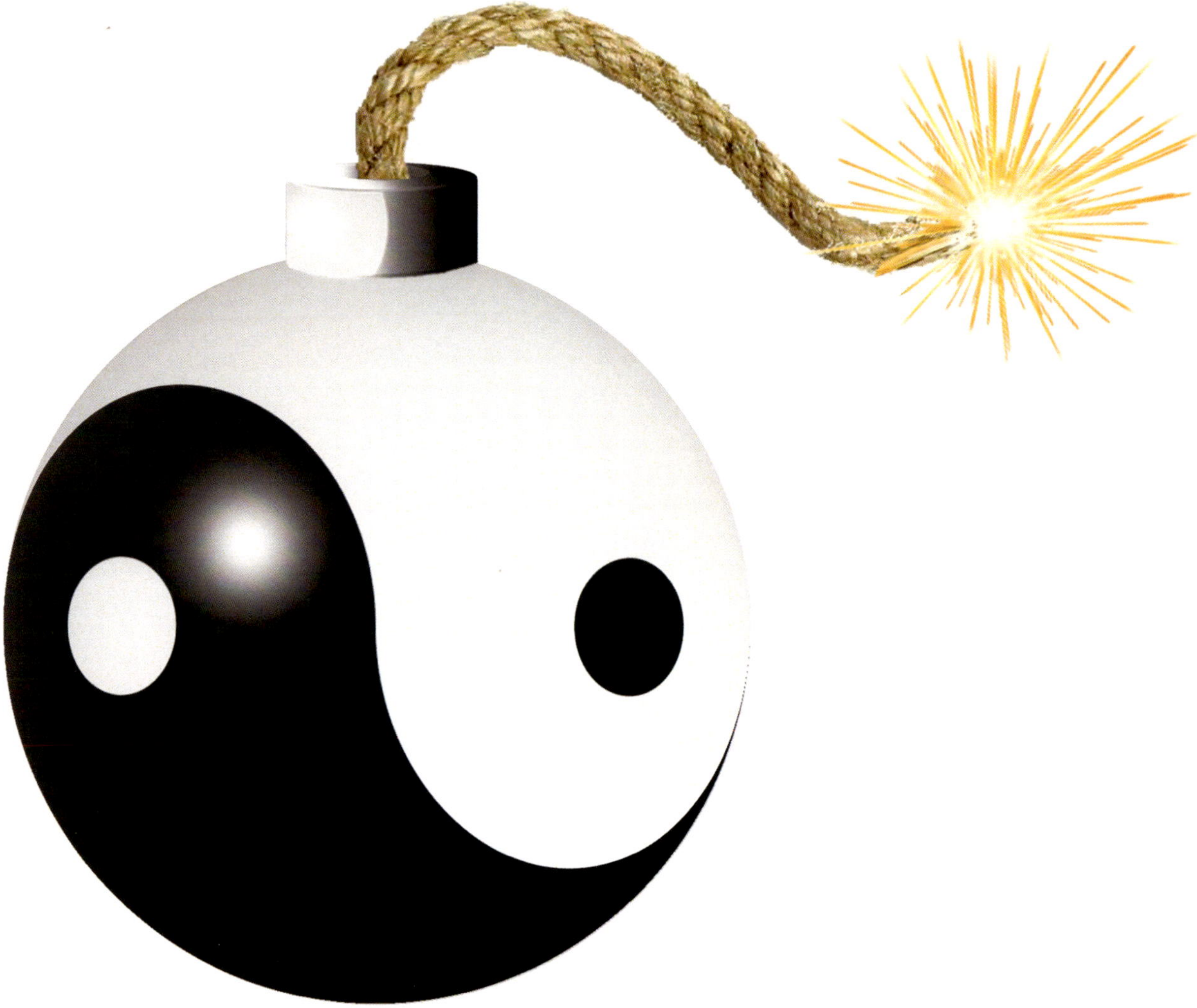

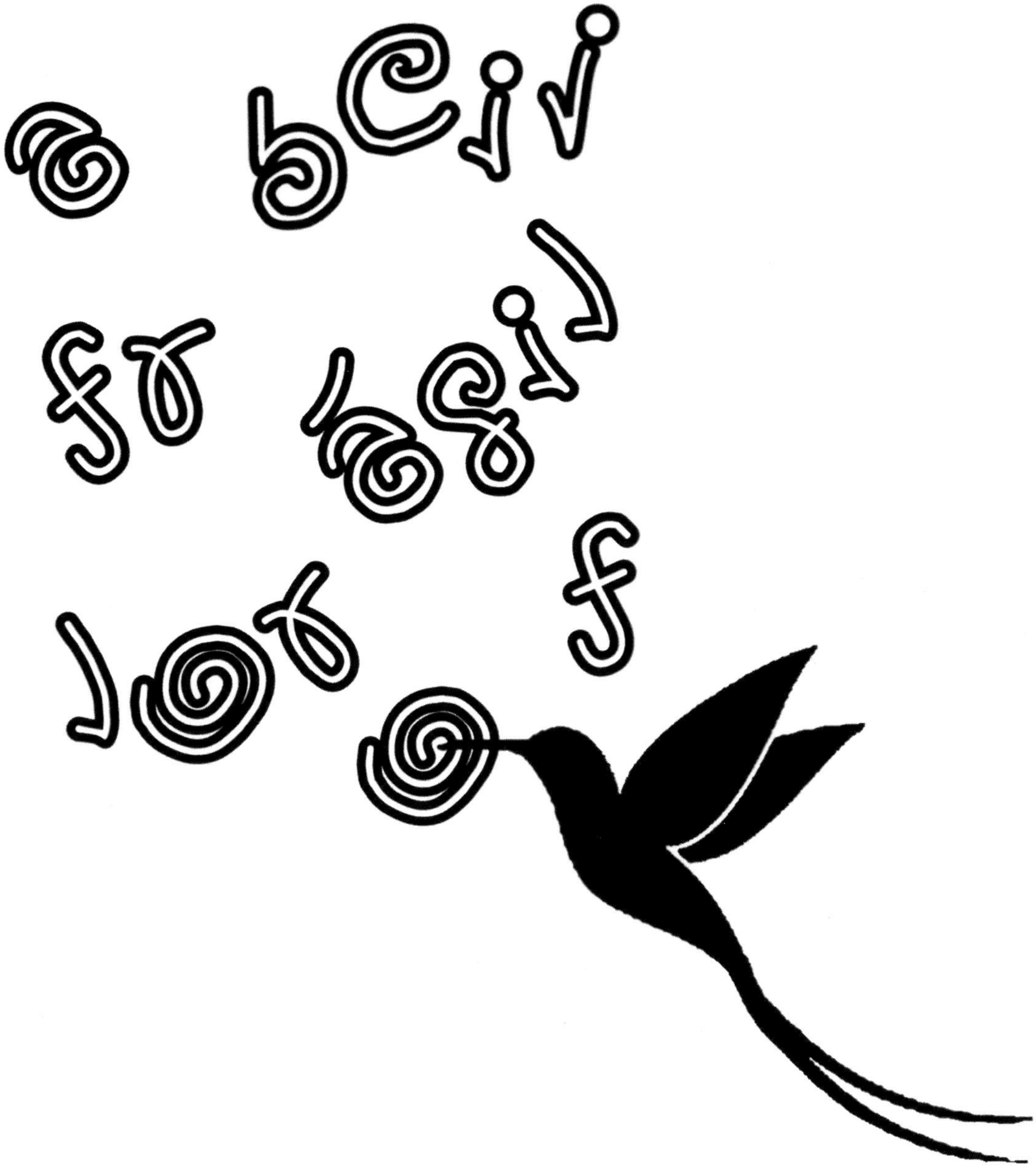

ana verónica suárez
buenos aires 1970

r de revolução 2021

ser 2021

alphageometry 2022

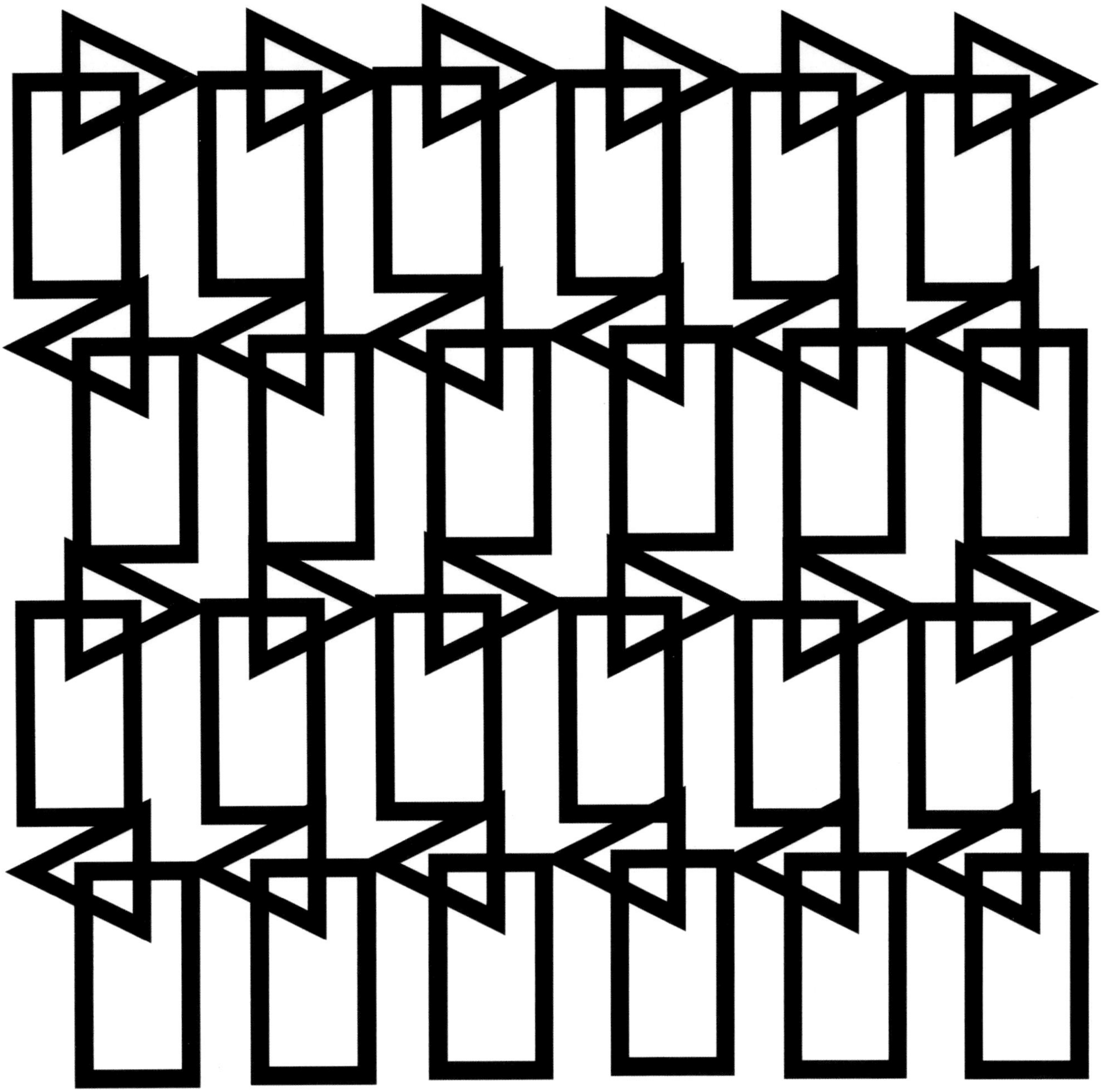

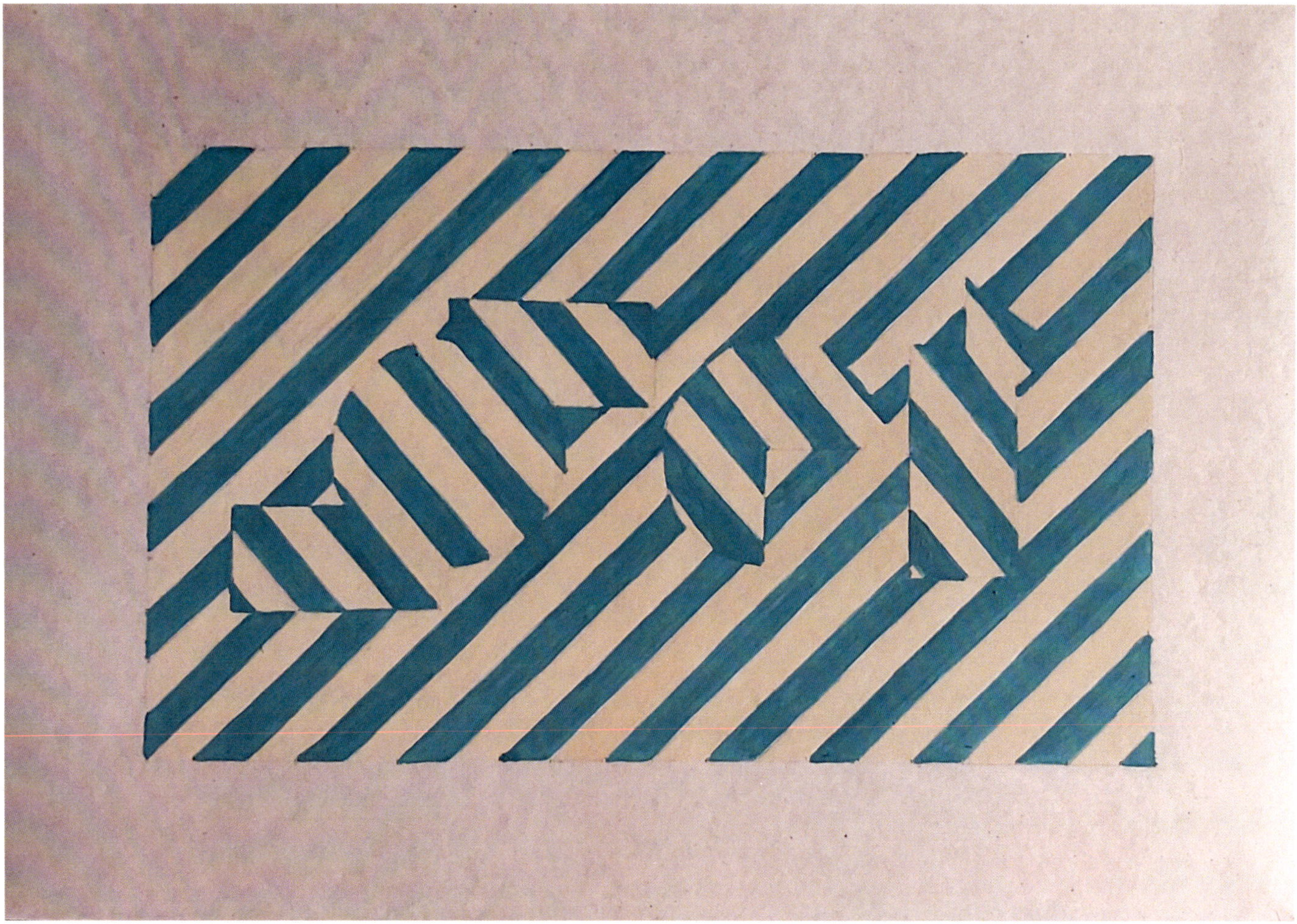

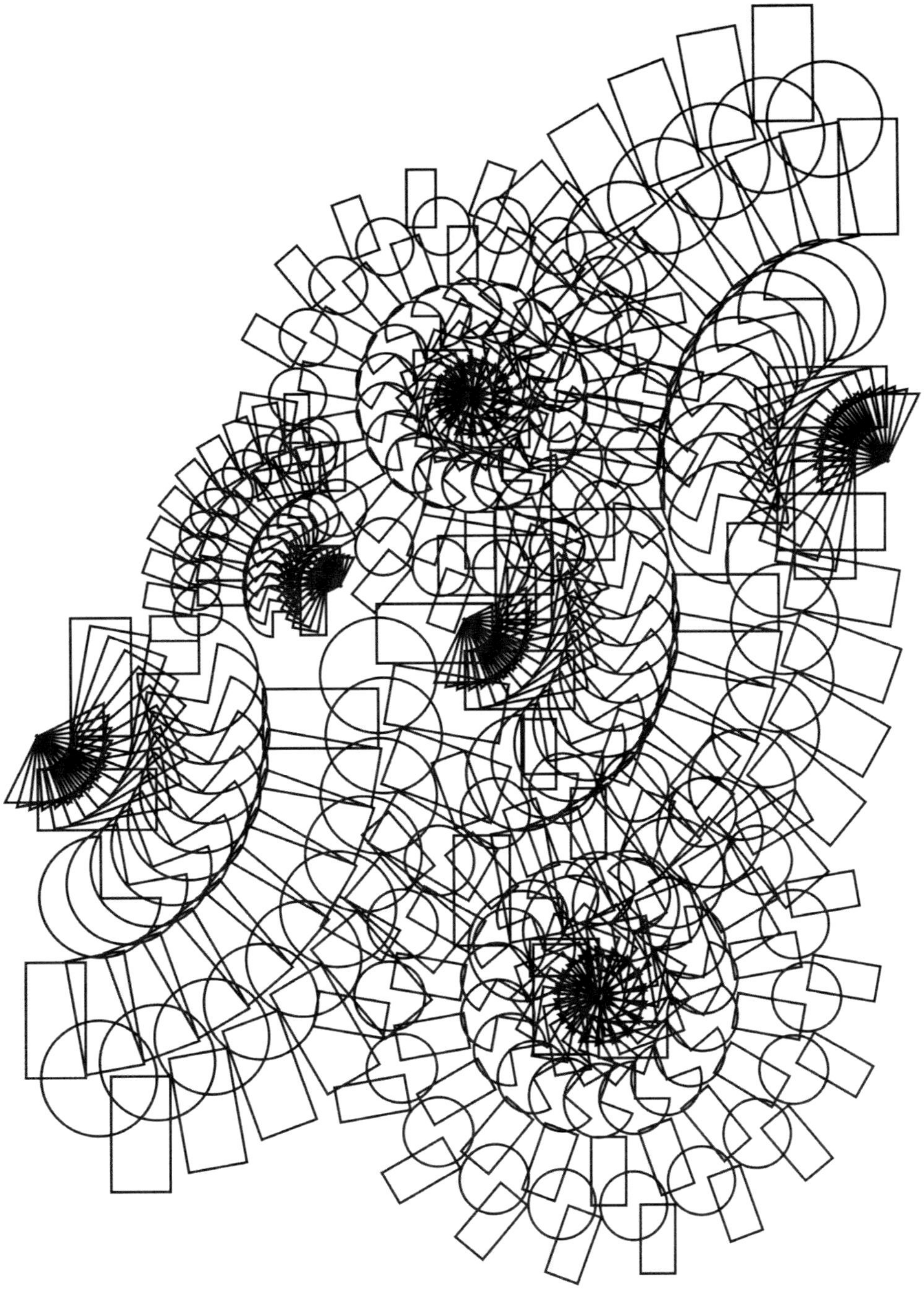

marcello sahea
rio de janeiro 1971

clitolhos* 2010

futuro 2019

aruká** 2021

* feito com pelos púbicos e pestanas. (n. do a.)

** **aruká**: nome do último homem do povo juma, grupo étnico falante do idioma kagwahiva (tronco linguístico tupi). morreu vítima da covid-19 em 2021. (n. do a.)

Clutchons

PA∞ADO

ivana vollaro
buenos aires 1971

portuñol/portunhol 2000

to vip or not to vip 2012

poema redondo 1997

IN

TO VIP OR NOT TO VIP

Caminó todo el camino redondo hasta que llegó a la mitad de la segunda vez que pasaba el final y dijo: –Solo me faltan infinitas mitades mitades más.

gab marcondes
rio de janeiro 1972

poema diluído 2010

believe 2012

umamorcega 2016

Frame 1:

das pétalas sanguíneas, (cruz e souza)
saí para assassinar o mundo inteiro (augusto dos anjos)
o espelho reflete o certo; não erra porque não pensa (fernando pessoa)
quebrei a imagem dos meus próprios sonhos! (augusto dos anjos)
que importa o mundo e as ilusões defuntas? (florbela espanca)
entreaberto botão, entrefechada rosa, (machado de assis)

Frame 2:

das pétalas sanguíneas, cruz sou
saí para assassinar o mundo dos anjo
o espelho reflete certo não erra não pensa (pessoa)
quebrei a imagem dos meus sonhos! (dos anjos)
que importa mundo e as ilusões ? (florbela es)
entreaberto botão, entre rosa, (achado de)

Frame 3:

d pé   cruz
saí   mu do   anjo
  espelho reflete   erra   não pensa   soa
quebrei a imagem dos   sonhos!
que importa   flor
entre   , entre   rosa, (acha   )

Frame 4:

d pé   cruz
saí   mu do   anjo
  espelho reflete   erra   não pensa   so
que r i a imagem dos   sonhos!
que importa   flor
entre   , entre   rosa, (a h   )

Frame 5:

d pé
sai   anjo
   espelho   se
que r i a
que importa   (a h   )
entre   , entre

Frame 6:

d
i
l
u
i
r

believe

E
GO
VÔO
CEGO
SEGUIA
PELO ECO
####### UMA MORCEGA

🦇

MORCEGOS SÃO OS ÚNICOS MAMÍFEROS QUE VOAM
CAÇAM À NOITE ENQUANTO OS PÁSSAROS DORMEM, ASSIM EVITAM A CONCORRÊNCIA
COMEM TRAÇAS E COM ISSO AJUDAM NA CONSERVAÇÃO DE LIVROS EM BIBLIOTECAS

ariel gangi
buenos aires 1973

da série wnock n. 9 2016

da série wnock n. 4 2016

da série zeit-geist 2018

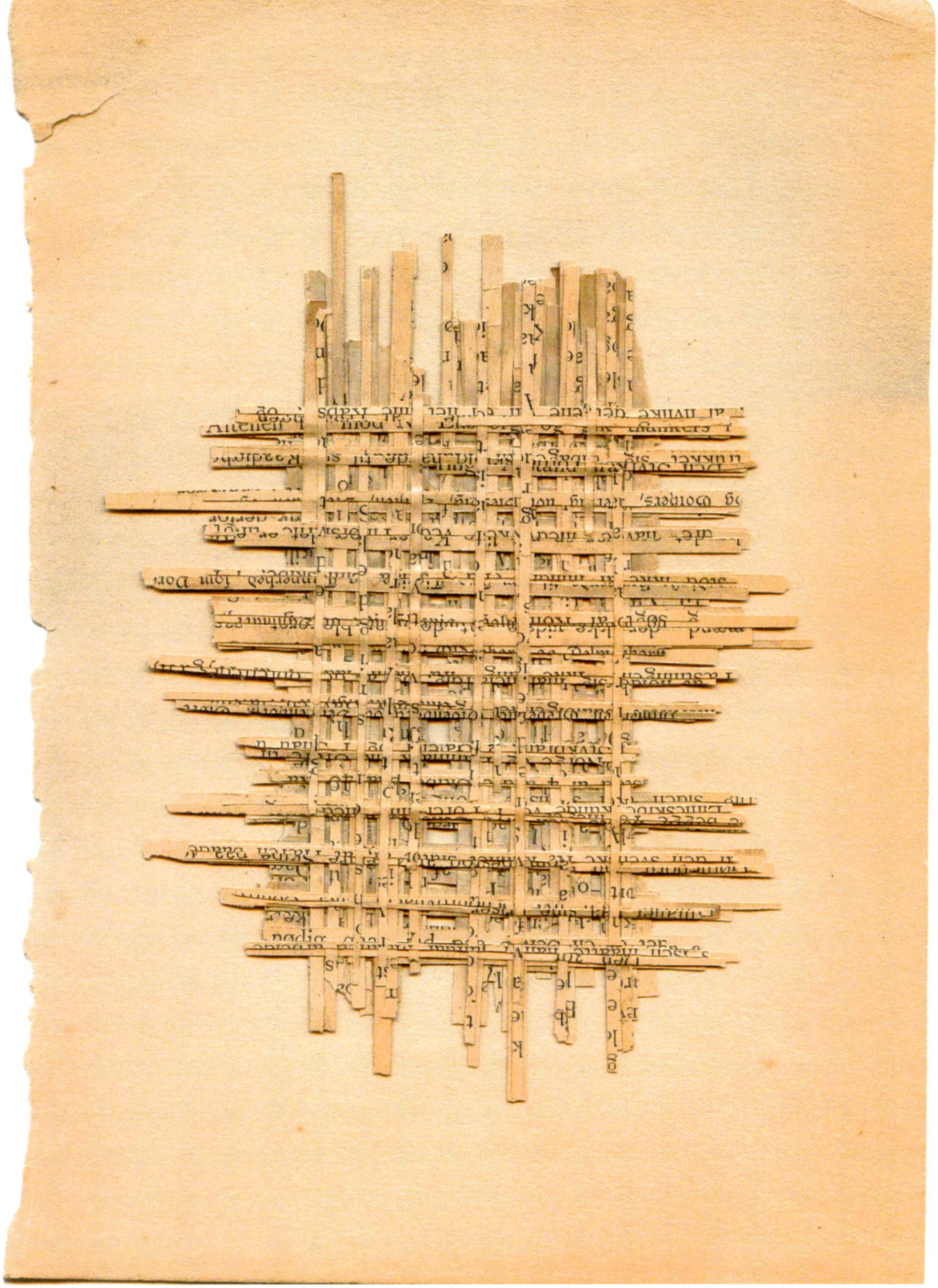

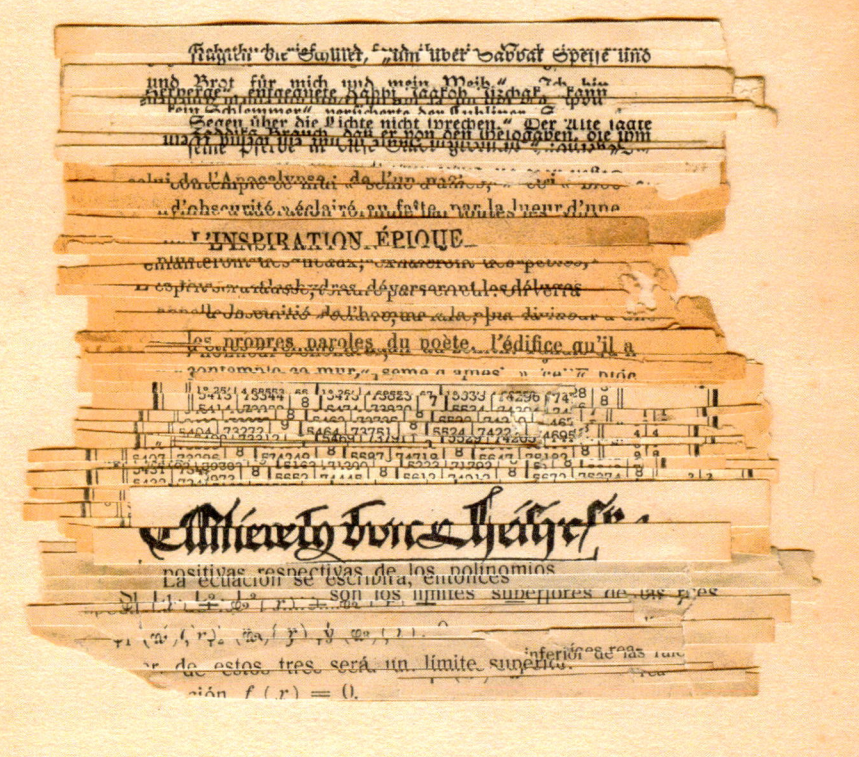

Rabbi, die Schüler, und über Sabbat Speise und
und Brot für mich und mein Weib." Ich bin
*** *** *** entgegnete Rabbi Jaakob Jizchak, kann
*** Schlummer *** *** Sublime ***
Segen über die Lichte nicht sprechen." Der Alte sagte
*** *** *** *** *** *** *** *** Weidgaben, die ihm
*** *** *** *** *** *** *** *** ***

*** de l'Apocalypse *** de l'un *** *** *** ***
*** d'obscurité *** éclairé *** *** *** par la lueur d'une

L'INSPIRATION ÉPIQUE

*** *** *** *** *** *** *** ***
*** *** *** *** *** dépasseront les déserts
*** *** divinité de l'homme *** la plus divine ***
les propres paroles du poète, l'édifice qu'il a
*** *** *** *** *** *** *** ***

5431	13544	5453	4523	7	5333	74296	7428		8			
5414		8								1		
5404	73222		5464	7375		5534	7422		4695		4	4
5437		8	5497	74211	5687		8			9	a	
5437		8	5712			7222	21260		8	1	2	
5432	721	5552	7418		5612	7313		8		1	2	

Mitttereth vnto Thaþres

positivas respectivas de los polinomios
La ecuación se escribirá, entonces
*** *** *** son los límites superiores de *** ***
*** *** *** *** *** *** *** ***
inferiores *** ***
*** de estos tres será un límite superior *** ***
*** ción $f(r) = 0$.

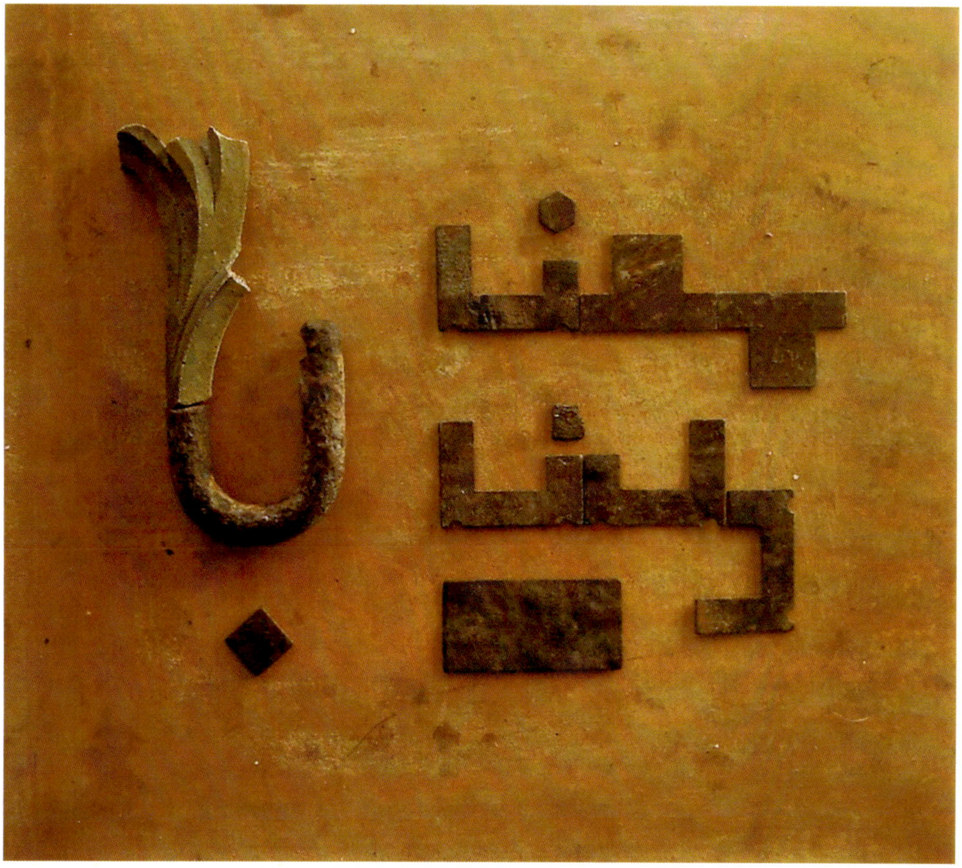

anderson gomes
são bernardo do campo (sp) 1982

sem título (exu) 2010/2020

oroboro 2016

amarelograma 2021

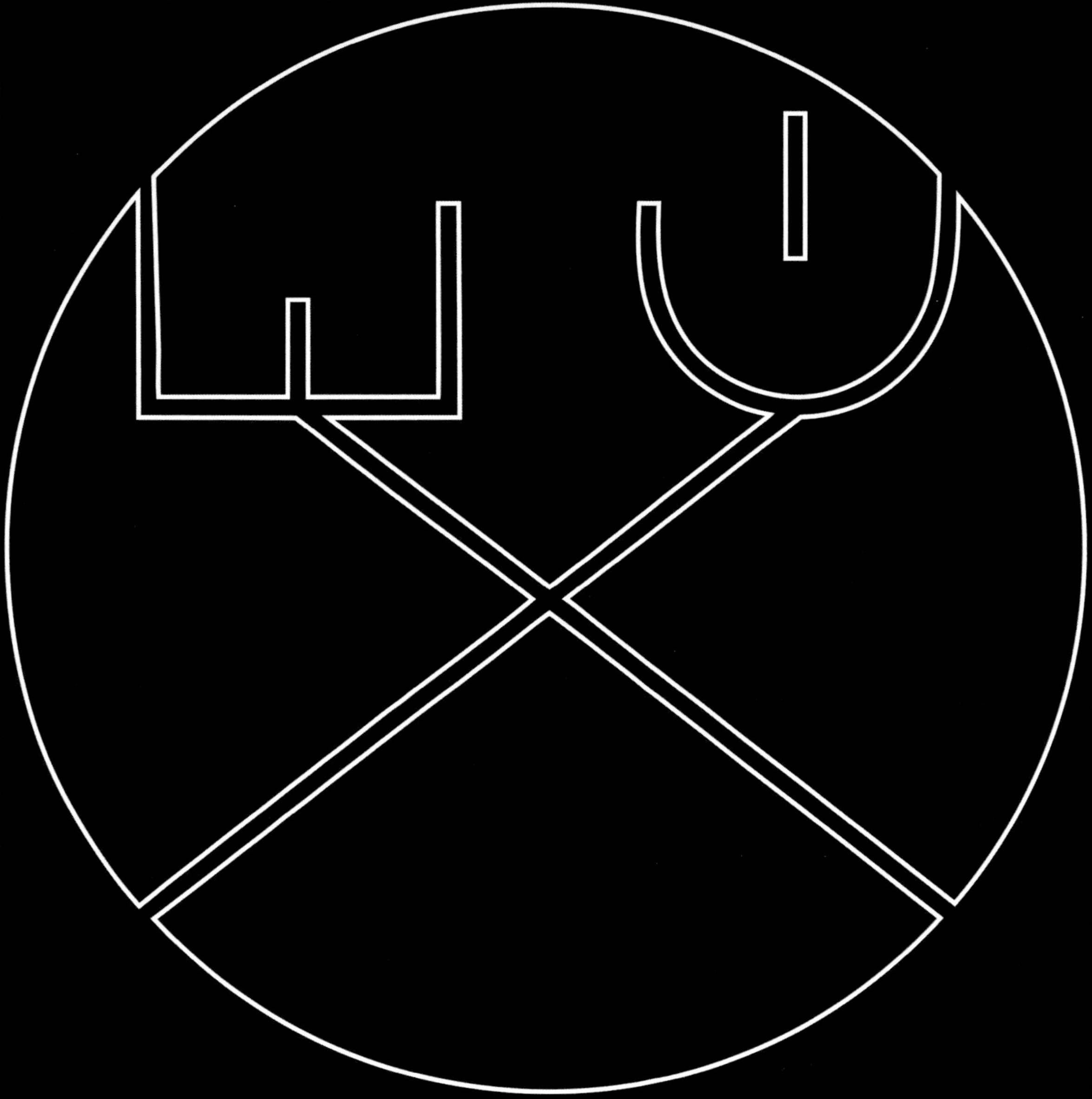

BOROOR

OS GIRASSÓIS

RESISTEM

silvio de gracia
junín 1973

saciedade de consumo 2016

silêncio 2016

soneto da morte 2018

4 989482 196547

SILENCIO

SILENCIO

SILENCIO

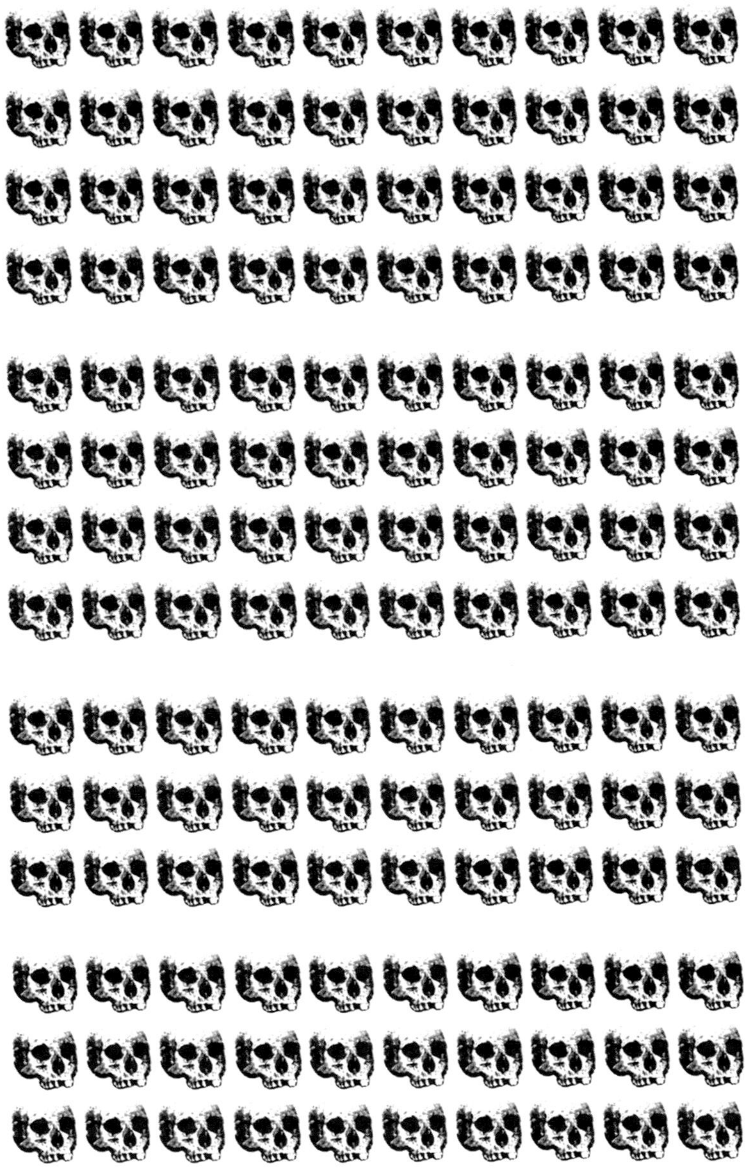

gabriel kerhart
são paulo 1982

pinşar 2015/2023

de asfalto o ar está carregado 2018

estilingue-brown 2022

PiNSAr

OBJETO DE PESQUISA
A LETRA
LETRA COMO CORPO
ANTROPOLETRA
a escrita antes do ALFABETO
E DEPOIS
OS felinos os fenícios os infelizes
LETRAS EM ALERTA
OUTRAS DANDO SOPA
PENSAR O SOM
A dimensão da letra e
ENTRE ELAS METAMORFÓSSEIS
PENSAR COM LETRAS DE PIXO
pinçá-las

Ideas-
fatooar
esTácar-
RegADo!

EYE

O OLHO É ESTI-LINGUE

daniela mastrandrea
coronel dorrego 1976

sem título 2014

dis-cursos III 2014

dis-cursos IV 2014

tengo el re-

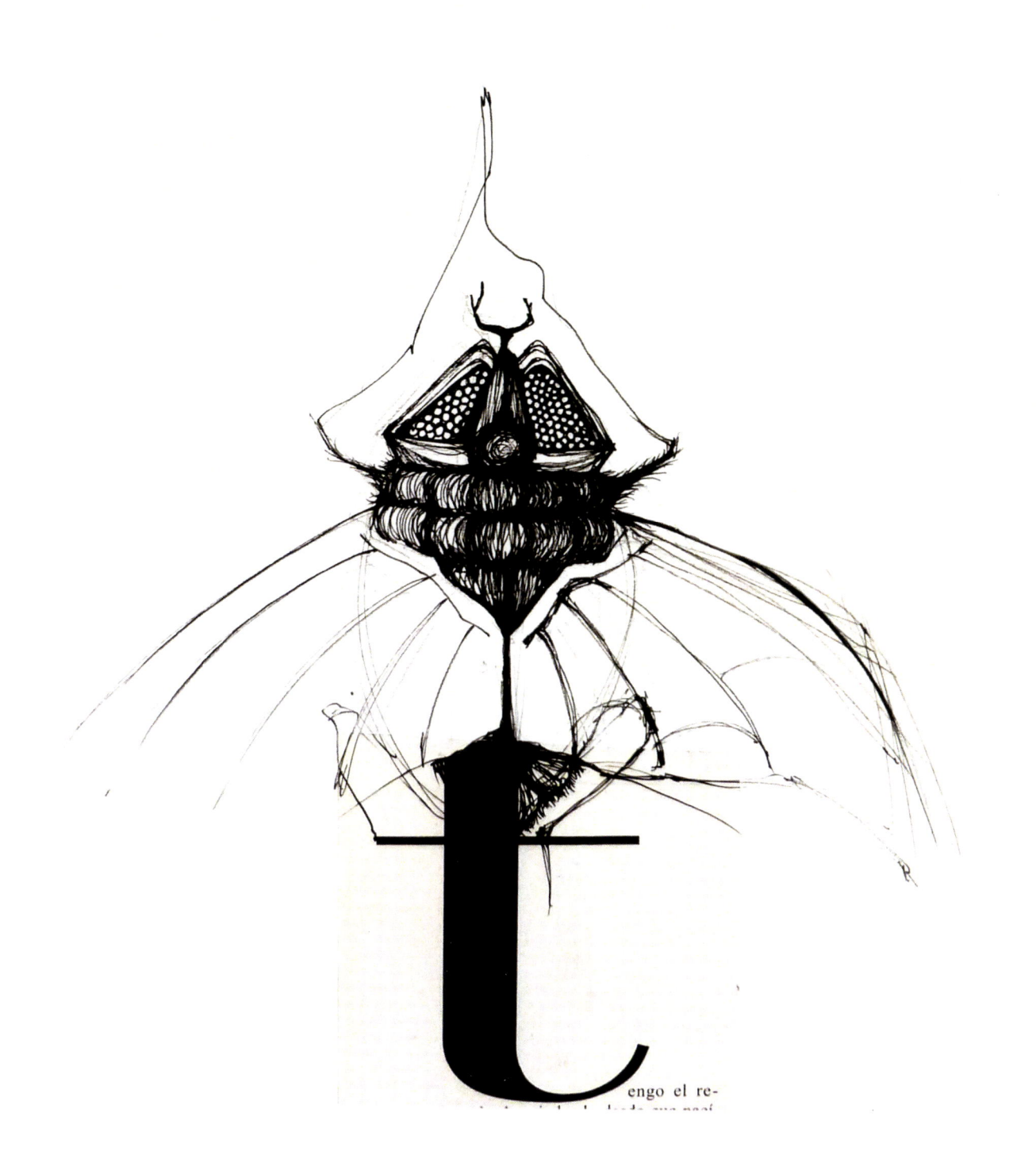

AMI
MASS

SCHAU 2A VUEL

textos

poesia visual e experimental:
um elo entre argentina e brasil

claudio mangifesta

Sem história, não somos. História que se escreve e que, ao escrever, nos escreve. No que segue, tentaremos sublinhar alguns marcos importantes no desenvolvimento desta práxis na Argentina e destacar alguns de seus correlatos, entrelaçamentos mínimos na evolução destas práticas e seus autores entre nossos dois países. Ora, como situar as origens deste saber-fazer — poesia visual e experimental — na medida em que as assumimos sempre como míticas (há quem, num corte diacrônico, remonte as suas origens a uma tradição milenar que encontra as suas primeiras referências ou vestígios em certas inscrições encontradas em grutas pré-históricas). Assim, por vezes, em leituras retroativas, chamamos "Poesia Visual" ou "Poesia Concreta" a produções do passado que foram feitas em outros contextos e claramente sob a influência de outros paradigmas históricos ou tecnológicos. Devemos pensar com Borges que cada escritor, cada poeta visual, cada artista inventa as suas próprias genealogias?

Por outro lado, como vários autores já sublinharam, as obras que emergem dessas práticas não respondem nem se enquadram naquilo a que habitualmente chamamos de "poema"; questionam também as nossas concepções tradicionais de "linguagem" e mesmo de "escrita". Poesia visual: o encontro fértil da letra incandescente e do poder da imagem com a encarnação dos corpos. Poesia visual: os limites da letra escrevendo um olhar.

O movimento Diagonal Zero (entre 1966 e 1970, aproximadamente) foi um momento importante e instituinte — ainda que qualquer mensuração seja arbitrária. Centrado na figura de Edgardo Vigo — que já vinha fazendo experiências desde o final dos anos 1950 —, o grupo de La Plata incluía também Luis Pazos, Omar Gancedo, Carlos Ginzburg e Jorge de Luján Gutiérrez. O vigésimo número da revista *Diagonal Cero* (1966) instituiu uma mudança radical ao dedicar-se à então chamada "Novíssima poesia". Nesse ano, os três poetas de Noigandres, Augusto de Campos, Haroldo de Campos e Décio Pignatari, visitam Buenos Aires para dar palestras no famoso Instituto Di Tella e estabelecer contatos com Vigo e outros poetas argentinos. Um ano depois, Vigo publica na França os seus *Poemas matemáticos barrocos*. No mesmo ano, é publicado o número 22 da revista *Diagonal Cero*, que será "dedicado à poesia concreta brasileira e à poesia cinética".

Em 1969 realiza-se a *Expo-Internacional de Novísima Poesía* no Instituto Di Tella/69 (mais tarde será transferida para o Museo Provincial de Bellas Artes, na cidade de La Plata), marco muito importante no qual a participação de poetas brasileiros está entre as delegações mais numerosas. Em 1970, em consonância com as pesquisas mais recentes da época, Vigo publica seu livro-ensaio *De la poesía/proceso a la poesía para y/o a realizar*, que evidencia o estreito diálogo que o poeta manteve com as tendências do Poema Processo e do Poema Semiótico, incluindo, entre outras contribuições, textos e poemas de Álvaro e Neide Dias de Sá, Moacy Cirne e José de Arimathéa. Após a dissolução do grupo Platense, Edgardo Vigo continuou sem pausa as suas experiências em várias linhas de trabalho simultâneas, também em colaborações com poetas e artistas como Graciela Gutiérrez Marx, Horacio Zabala, Hilda Paz, Juan Carlos Romero (estas duas últimas personagens são centrais no desenvolvimento da Poesia Visual no nosso país e produziram também duas revistas já históricas: *Dos de oro* e *La Tzara*).

O poeta Arturo Carrera elogia, no seu artigo "los inventores visuales" (1974) escrito para o suplemento de um jornal cultural, o aparecimento do recente livro *Mallarmé*, de Augusto, Haroldo e Décio. Em 1976, ano do último golpe militar na Argentina, e enquanto Augusto de Campos traduz poemas de *En la masmédula*, de Girondo, é publicado aqui o livro pioneiro de Armando Zárate, *Antes de la Vanguardia, historia y morfología de la experimentación visual*, um importante estudo que abrange produções desde a antiguidade clássica até as últimas tendências do poema semiótico.

Nos anos 1980 e 1990, destaca-se o Grupo Paralenguas (entre 1989 e 1998); dez anos de *Ohtra poesía*. Entre os seus fundadores encontram-se Fabio Doctorovich, Carlos Estévez, Roberto Cignoni. Em 1980 surge a revista *Xul, signo viejo y nuevo*, dirigida por Jorge S. Perednik, que participaria em muitas das ações e propostas de Paralenguas (Roberto Cignoni juntou-se mais tarde à revista). Outros colaboradores são: Alonso Barros Peña, Pablo Györi, Arturo Carrera, Javier Robledo. O número 2 da revista inclui um estudo de Ángel Rivero sobre a poesia concreta e alguns poemas de Augusto de Campos. O número 4 (1982) é dedicado à poesia concreta e inclui poemas de Augusto e Haroldo de Campos, Décio Pignatari, Ferreira Gullar, Mário Chamie, Oswald de Andrade e vários manifestos de: Poesia Concreta, Neoconcreta, Poesia Praxis; inclui também o Manifesto Antropófago, de Oswald de Andrade. O décimo número da revista (1993) é especialmente dedicado à poesia visual e foi chamado de *El punto ciego* (O ponto cego). Esse será mais tarde o título de um grande livro antológico sobre o tema. Onze anos antes, em 1982, Perednik publicou uma antologia internacional chamada, significativamente, de *Poesía concreta* (Centro Editor de América Latina), que incluía trabalhos de vários dos mais vanguardistas poetas brasileiros. Em 1994, o escritor e tradutor Gonzalo Aguilar publicou o livro *Poemas*, a primeira antologia argentina bilíngue de poemas de Augusto de Campos.

Paralenguas definia-se como um grupo proteico, multiforme, que procurava expandir o conceito de poética para além dos limites já herdados, com recursos diferentes dos tradicionais. Assim, estimulava o uso e a experimentação de novos suportes tecnológicos, que incluíam também a ação performativa, o sensível, o festivo, sem descuidar do conceitual. Em 1996 organizaram o Primeiro Congresso de Poesia Experimental de Buenos Aires.

Também em 1996 foi lançado o projeto Vortice Argentina, fundado por Fernando García Delgado. Em 1998, foi inaugurada a Barraca Vorticista, com a participação ativa de Ivana Vollaro, Juan Carlos Romero, Alejandra Bocquel, OmarOmar, entre outros. Possui um importante arquivo de arte postal e poesia experimental (com obras de León Ferrari e Mirtha Dermisache, entre outros), publicações como *Vortice* ou *Vórtex* (esta última dedicada ao grafismo experimental e à poesia visual); e a organização de oito edições do seu *Encuentro Internacional de Poesía Visual, Sonora y Experimental*, em algumas das quais participamos. Também aqui se destaca a grande presença de poetas do Brasil. Em 2006, o livro coletivo *Poesía visual argentina* foi publicado por seu próprio selo editorial. Naturalmente, dadas as limitações de espaço desta introdução, estes breves apontamentos não pretendem ser exaustivos.

Com o início do novo milênio, multiplica-se o número de exposições e encontros e a produção de livros (individuais e coletivos); prolifera o aparecimento de várias revistas de poesia visual e/ou experimental, entre elas: *AuraPoesiaVisual*, dirigida por OmarOmar e Ana Suárez (Vicente López); *La Hoja*, por Silvia Lissa (Chajarí); *i?*, por Daniela Mastrandrea (Patagônia); *1deUno*, por M. Vallejo, M. Rossini, E. Blasco e A. Thornton (Tucumán); *Hotel Dada*, por Silvio De Gracia (Junín); *Templo*, por Hugo Masoero (Paraná); *Dosmásdoscinco*, por Ro Barragán e Luis Pazos (La Plata). Em 2003, apareceu o excelente livro de Gonzalo Aguilar *Poesía concreta brasileña: las vanguardias en la encrucijada modernista*, um estudo essencial para qualquer abordagem e leitura crítica desta tendência poética. Em 2006, outro livro essencial na biblioteca: *Escrituras nómades, del libro perdido al hipertexto*, de Belén Gache (Ed. Trea, Gijón). E em 2014 foi publicada *Palabra desorden* (Ed. Caja Negra), uma importante antologia bilíngue da obra de Arnaldo Antunes.

Em 2015, o poeta Ariel Gangi organizou um encontro muito interessante: as Primeiras Jornadas Internacionais de Poesia Experimental, na Universidade Nacional de San Martín.

2016 foi um ano muito especial. Destacam-se várias exposições muito importantes: a exposição *Poéticas Oblicuas. Modos de contraescritura y torsiones fonéticas en la poesía experimental (1956-2016)*, organizada por Fernando Davis e Juan Carlos Romero, no Espacio de Arte-Fundación O.S.D.E., em Buenos Aires, reuniu 38 artistas argentinos, de diferentes gerações e diversas linhas de experimentação poética. Nesse mesmo ano, realizou-se no Museo de Arte Moderno de Buenos Aires aquela que considero ser a primeira grande retrospectiva da obra de Vigo: *Edgardo Antonio Vigo – Usina permanente de caos creativo*, uma exposição de grande impacto com obras de 1953 a 1997. Também nesse ano, organizada pelo Hotel Dada e com curadoria de Silvio De Gracia, a exposição *Poesía sin margen – Muestra de Poesía Visual Latinoamericana*, uma das primeiras exposições de relevância por causa de sua distância dos centros hegemônicos de poder e das grandes capitais. Nesse mesmo ano, surge a monumental obra de J. Perednik, Fabio Doctorovich e Carlos Estévez *El Punto Ciego*, um estudo amplo e exaustivo que acolhe, da forma mais aberta possível, uma polifonia e diversidade de tendências, autores e poéticas na mobilidade de um campo multidimensional em permanente movimento, nas suas mestiçagens e hibridações germinais, mas também no seu núcleo identitário. Na medida em que o olhar não se confunde com a visão, o ponto cego é também esse lugar de onde somos olhados pelo outro do poema.

No ano seguinte, 2017, surgiram duas outras publicações importantes: o livro de Ornela Barisone *Experimentos Poéticos Opacos* (Ed. Corregidor), que articula "biopsias malditas: del invencionismo a la poesía visual" (1944-1969). E *Poesía Experimental argentina y políticas de la lengua*, de Alelí Jait (ed. Postypographika), que destaca a história de Paralenguas e da revista *Xul*. Em 2019, no Museo Provincial de Bellas Artes Emilio Pettoruti, de La Plata, com curadoria de Pelusa Borthwick, teve lugar a *Exposición Internacional de Poesía Experimental-Concreta-Visual: El Quinto Punto Cardinal*, também repetida na Galeria Arcimboldo, em Buenos Aires.

De nossa parte, convocamos e organizamos em três ocasiões (2015, 2017 e 2019) a *Exposição Internacional de Poesia Visual e Experimental*, realizada na Sala Espacio Cero da Escola Municipal de Belas Artes, em Buenos Aires, e simultaneamente numa das suas edições, na Casa de Las Culturas de Quilmes, Buenos Aires. A participação de poetas brasileiros foi muito numerosa nas suas três edições, entre os que apresentaram as suas obras estavam: Avelino de Araújo, Gastão Debreix, Fátima Queiroz, Hugo Pontes, Tchello d'Barros, Roberto Keppler, Roberto Sechi, o que permitiu prolongar e intensificar os intercâmbios recíprocos entre poetas dos dois países. Mas o nosso projeto tem sido também resolutamente orientado para as publicações. Entre elas, destacamos duas antologias: *Rastros de la Poesía Visual Argentina*, compilada e coorganizada por Hilda Paz, Juan Carlos Romero e Claudio Mangifesta (Ed. TiempoSur, 2014); e a *...xyzA - Cdef...: antologia de poesia visual argentina e catalã*, organizada pelo poeta catalão Josep Calleja e Claudio Mangifesta (Ed. Pont del Petroli, 2019). É nessa linha que se inscreve o desejo deste novo livro.

Nesta segunda década do século 21, encontramo-nos já num momento novo e diferente: uma instância de movimentos em rede, e não uma rede em movimento. Redes móveis, dinâmicas, pura explosão polifônica. Os recentes "encontros" com exposições na cidade de Pergamino, em Junín ou o anterior em La Plata são exemplos claros. Isso nos permite perguntar: de qual lugar de enunciação essa história está sendo traçada? Os escritos que daí resultam: o que privilegiam, o que excluem, o que mostram, o que dizem, o que sublinham; também, o que não dizem, o que não mostram, o que invisibilizam em cada um deles? É, pois, necessário repensar como se organizam os regimes de configuração do visível e do enunciável, que dispositivos e textualidades se constituem, as suas lógicas implícitas, os seus pressupostos subjacentes. Movimentos em rede. Não tanto a prevalência de um grupo como no passado, mas contatos abertos e múltiplos entre poetas que, na sua dispersão ou na sua diáspora, organizam as suas constelações sempre mutáveis em torno de nós polivalentes (nós: sujeitos, lugares), empurrando os limites do campo do nosso trabalho para zonas desconhecidas e insuspeitas. Há, nesses movimentos, um nomadismo refrescante em que cada projeto, contra todas as tentativas hegemônicas ou pretensões totalizantes, precisa de ser pensado na sua singularidade gestante e horizontal; em que cada projeto, cada movimento tático ou estratégico, não apaga as marcas singulares do fazer de cada poeta, nem se pensa que esse fluxo transbordante possa ameaçar os programas de cada coletivo ou instituição existente. Não mais o centralismo das grandes capitais, mas um olhar com claro viés nacional que contempla muitas das expressões que se fazem em lugares periféricos ou distantes e que mostra abertura para as diferenças de gênero. Não apenas é outro paradigma como também nos convida a pensar nossa práxis a partir de uma nova epistemologia.

Gostaria de encerrar este breve texto com uma ponderação final destacando, na minha opinião, alguns dos traços, personagens ou tendências que são relevantes na poesia visual argentina:

- Em princípio, evidencia-se uma vontade de experimentar e trabalhar nas zonas limítrofes da linguagem, nas suas zonas fronteiriças, tentando quebrar as estruturas lógicas, gramaticais e até semânticas da linguagem. Isso acentua um trabalho com a materialidade da linguagem nas suas dimensões gráfica, visual, sonora e verbal que ultrapassa todas as classificações e hierarquias possíveis, sendo essa uma característica geral de muitos movimentos poéticos de vanguarda contemporâneos.
- A dificuldade de romper com a linearidade do significante e de questionar o "modelo enigmático da linha" (Derrida) faz com que uma marca importante na poesia visual argentina, sublinhada por vários autores, seja a pressão

ou o uso do discursivo que se exerce sobre ela; um uso discursivo do qual, por vezes, parece difícil livrar-se e que se orienta então para fins paradoxais ou para um encontro com poéticas da impossibilidade.

- A presença insistente do humor corrosivo e da ironia incandescente.
- O poema como forma de ação ou de provocação política, como questionamento do instituído, do establishment, como lugar importante nas "guerras da linguagem" e na luta contra-hegemônica.
- A insistência ou persistência de tendências ou poemas matemáticos, composicionais, em que equações e algoritmos surgem com objetivos poéticos, e não matemáticos ou científicos.
- Ligada ao anterior, a presença sustentada de poemas eletrônicos, virtuais, os Vpoemas, a poesia QR, que acompanham uma ampla exploração de ambientes digitais.
- Uma tendência marcada pela experimentação de marcas ou traços escritos, grafismos nômades e expressivos, escritas deformadas, escritas ilegíveis que apontam frequentemente para o assemântico e para a ruptura ou crítica do sentido.
- Finalmente, tendências marcadas por uma clara orientação para a investigação poética do corpo, da performance, da dança, da ação e, a partir daí, de várias possibilidades de intervenções poético-políticas no espaço urbano e social.

a poesia visual e a experiência que não tem nome

julio mendonça

a poesia experimental e a poesia visual

Somente um desconhecimento injustificável pode hoje opor objeções por princípio à relevância da poesia visual no contexto da poesia contemporânea. Os conhecimentos disponíveis e alcançáveis sem grande esforço mostram que ela tem sido e é prática criativa diversa e persistente nos deslocamentos e confluências de palavra e imagem há milênios, em muitas partes do mundo e em diferentes línguas e culturas (ao menos, no Egito, na Índia, na China, no antigo mundo helênico, nos países árabes, entre os otomanos e, na Europa ocidental, desde o início da era cristã). A partir do final do século 19, o fortalecimento de tendências internas — por muito tempo reprimidas — e o contato com experiências externas (de origens não europeias) fizeram com que a poesia ocidental moderna [que uma vez vislumbrou um "Oriente ao oriente do Oriente" (Fernando Pessoa)] tomasse esse como um dos seus mais decisivos caminhos, afrontando séculos de relações dicotômicas problemáticas entre palavra e imagem. "Os tempos e a sensibilidade tinham mudado; por isso era essencial modificar também a linguagem", escreveu Alfredo Espinosa. E, ainda assim, persistem hoje preconceitos em face das concepções poéticas hegemônicas.

Por outro lado, o desenvolvimento e a afirmação da poesia visual moderna têm sido, eles mesmos, problemáticos. Nesse início do século 21, são bastante amplos e complexos os cenários dela que podemos discernir — com algum esforço de observação. A começar do fato de que a poesia visual que se desenvolveu do século passado para cá está intimamente relacionada com outras formas de criação poética no âmbito geral da poesia experimental como o poema-objeto, o poema-livro, a poesia sonora, o videopoema ou poema animado e a performance oral e gestual. Participando internamente de sua criação ou observando externamente sua produção, é necessário reconhecer que a poesia visual se tornou uma das pontas do iceberg de uma grande inquietação que aspira e transpira por uma intervenção poético-política na caverna histrio/hipno/imagética a que estamos acorrentados. A poesia visual, embora muito antiga (ainda que não se reconhecesse dessa forma), no contexto moderno participa do esforço de expansão da poesia para além de suportes preestabelecidos. Essa poesia vive as contradições entre a permanente busca da ruptura de limites e a constatação cotidiana das constrições sistêmicas à experiência.

a sintaxe não linear e o design

Uma protopoesia visual tem suas primeiras manifestações no Brasil em criações esparsas durante o barroco histórico e, depois, no modernismo — de maneira bastante embrionária ainda — na relação interpenetrada entre texto e desenho no *Primeiro Caderno do Alumno de Poesia Oswald de Andrade* e em algumas criações de Vicente do Rego Monteiro. Isso, sem considerarmos os estudos sobre sua possível presença nas pictografias sintéticas das culturas indígenas originárias e as afrodiaspóricas.

Os criadores da poesia concreta brasileira tiveram protagonismo radical nos anos 50 e 60 do século passado na proposição dos desafios que a poesia deveria enfrentar para buscar um novo papel na sociedade contemporânea. No entendimento deles, para encarar tais desafios, essa poesia deveria voltar-se para a materialidade da palavra, desfazer-se da ideia do verso como referência para o poema, adotar uma sintaxe não linear e analógica baseada na tensão de palavras-coisas no espaço-tempo, intensificar a interrelação de códigos verbais e não verbais (verbivocovisual) e abrir-se à inclusão do acaso e da participação ativa do leitor.

Augusto de Campos (que, aos 92 anos, participa desta antologia), Haroldo de Campos e Décio Pignatari muito cedo determinaram que para defender essa transformação era necessário sustentar suas propostas com sólida base teórica interdisciplinar e apresentá-las de forma enfática e, quando necessário, contundente. Cientes do campo literário como sendo, também, arena de disputas, esses poetas foram buscar em diferentes áreas do conhecimento atualizado (em particular, os estudos da cibernética e da semiótica) elementos para corroborar suas ideias. Gonzalo Aguilar, no seu livro fundamental *Poesia Concreta Brasileira: as vanguardas na encruzilhada modernista*, para empreender uma leitura crítica compreensiva diante do trauma da poesia concreta, decidiu tomar distância dos ataques incondicionais e das defesas intransigentes. A afirmação do rompimento com a tradição do verso foi, provavelmente, o motivo maior da controvérsia com o establishment literário. Participando do ambiente cultural bastante dinâmico entre os anos 1950 e 1960, no Brasil, o movimento da poesia concreta logo provocou cisões internas e dissidências, com Ferreira Gullar liderando um movimento neoconcreto (com relevância maior nas artes plásticas) e Wlademir Dias-Pino criando, na década de 60, o poema/processo, movimento também sustentado conceitualmente em estudos da Semiótica.

Mais do que o rompimento com o verso, considero que os princípios mais determinantes propostos pelos poetas concretos brasileiros foram a adoção de uma sintaxe não linear e analógica e a inter-relação de códigos verbais e não verbais (verbivocovisual). Esses dois princípios os afastavam, também, das formas anteriores de poesia visual. Os desafios técnicos de uma poesia que adotava esse ponto de partida dependiam de considerar a linguagem poética, desde então, como um trabalho de design de linguagem, como definiu Décio Pignatari. Os nexos de sentido já não se estabelecem apenas pelas relações da sintaxe linguística linear, mas por analogias entre palavras ou grupos de palavras distribuídas no branco da página ou em outros suportes ou por outros elementos sígnicos organizados graficamente. O poeta não é mais entendido como um *verse-maker*, mas um *language-maker*. Isto é: radicaliza-se a ideia do poema como uma produção em que todos os elementos devem ser considerados projetivamente na criação.

poesia intersemiótica

Grosso modo, a poesia experimental brasileira considerada visual, desde a década de 1970, pode ser compreendida em duas ramificações: uma oriunda da poesia concreta e outra advinda do poema/processo. Uma das diferenças importantes que se pode observar entre esses dois percursos é que o primeiro permaneceu, em grande parte, mais comprometido com o verbivocovisual, enquanto o segundo mais ligado à visualidade não verbal.

Assim, dos anos 70 para cá, findo o exercício histórico da poesia concreta *stricto sensu* e arrefecido o intento de teorizar a partir da prática poética, na poesia experimental brasileira majoritariamente marcada pela pesquisa com recursos da visualidade despontam algumas denominações que tentam identificar os novos rumos, os quais, muitas vezes, apontam para além da exploração da visualidade. Omar Khouri (poeta também participante desta antologia) elencou algumas delas: "poesia *intermedia*, poesia intersemiótica, visopoemas, poesia multimídia, poesia intersignos, poesia interdisciplinar, poesia da era pós-verso". Nesse período, vários dos poetas mais identificados com o verbivocovisual se utilizaram da denominação poesia intersemiótica, ainda que tenham produzido pouca reflexão teórica a respeito.

De fato, o termo poesia intersemiótica representa melhor a ambição de um campo crescente de criação poética que se volta para as interrelações estreitas entre palavra, som e imagem. Mas é inegável que é difícil dar nome a algo que caminha em várias direções. Talvez por isso mesmo Arnaldo Antunes, um dos poetas presentes nesta antologia, tenha denominado uma antologia de sua obra, publicada em 2006, de *Como é que chama o nome disso*.

a generalidade e a insuficiência da denominação "poesia visual"

Tanto Nancy Perloff quanto Omar Khouri chamaram a atenção para a posição paradoxal da poesia concreta em relação à poesia visual. Khouri descreveu esse paradoxo deste modo:

> "Coloca-se, geralmente, a denominação Poesia Visual como algo geral, uma espécie de saco-de-gatos, onde cabe tudo — então, a Poesia Concreta seria uma modalidade de poesia visual, o que não conteria alguma precisão, pois, abraçando um termo cunhado por James Joyce, os concretistas se propunham a fazer e fizeram uma poesia verbivocovisual. Apesar de consagrado, inclusive internacionalmente, o termo 'poesia visual' é insuficiente, não somente por não dar conta do fenômeno como por levar a equívocos".

Ao que podemos acrescentar a ponderação de Perloff:

> "Outra diferença central, observada por Augusto de Campos, entre a poesia concreta e a visual é a colocação dos valores semânticos da poesia concreta em pé de igualdade com os parâmetros materiais, visuais e sonoros do poema".

São questões complexas que não teriam espaço para serem aprofundadas aqui, mas para as quais é necessário apontar. A poesia experimental internacional, desde o início do século 20, tem sido uma larga, fragmentária e difusa rede de incursões por rupturas e proposições relacionadas ao próprio verso, a aspectos tipográficos da composição do texto, à composição de caligramas, à exploração da caligrafia, ao desbravamento de um campo novo de criação sonora com a ajuda de recursos das novas tecnologias de gravação e modulação de sons e ruídos, à recuperação e a novos desenvolvimentos da arte da performance e às experiências com diferentes possibilidades de criação com diversos tipos de objetos e suportes, notadamente aqueles com base em tecnologia digital.

É evidente que a experimentação com aspectos visuais é apenas uma parte, ainda que bastante importante, desse amplo espectro:

> "O que ocorre é a viabilização, num grau sem precedentes, das linguagens e procedimentos da modernidade — a montagem, a colagem, a interpenetração do verbal e do não verbal, a sonorização de textos e imagens — em suma, a multimidiação do processo artístico" (Antonio Risério).

Assim, é preciso afirmar que a poesia visual é um campo vasto e complexo da poesia experimental, mas que não responde a vários dos desafios desta. Uma demonstração disso é o fato bastante perceptível de que grande parte dos poetas participantes desta antologia (e aqui me refiro não apenas aos brasileiros), embora reconhecidos como importantes criadores no âmbito da poesia visual, têm uma atuação que não se restringe a ela. O mais provável é que pareça um contrassenso — ou, no mínimo, uma deselegância — fazer essas restrições ao campo da poesia visual numa antologia voltada para ela e da qual participo, mas se trata de um, digamos, "imperativo dialético".

critérios desta antologia

Em nossos entendimentos com relação à realização desta antologia, Claudio Mangifesta e eu concordamos com alguns critérios gerais que estão expostos no início deste livro, na "Intro". No que diz respeito especificamente à antologia de poesia visual brasileira, pela qual estou responsável, para a seleção dos poetas considerei, claro, em primeiro lugar a relevância da produção dos autores. Pelas restrições de espaço, selecionei aqueles em cuja poesia a exploração de aspectos de visualidade dos signos é mais frequente e consistente. Além disso, procurei contemplar poetas ligados àquelas duas vertentes da poesia visual brasileira de que falei anteriormente. Considerei a diversidade de procedimentos, universos temáticos e campos de pesquisa. Busquei, também, na medida do possível, contemplar autores de diferentes regiões do país. Quis, ainda, garantir lugar para alguns poetas mais jovens que despontaram, recentemente, com qualidade e inquietação.

É certo que, ainda assim, ausências importantes serão notadas, mas esta é uma objeção que um antologista dificilmente conseguirá evitar. "Fazer: porque ele é mais difícil do que não fazer" (João Cabral de Melo Neto).

a poesia visual, a ação coletiva e a transnacionalidade

Aos poetas visuais já foi imputada, também e diversas vezes, a autoindulgência. Acho difícil que possamos negá-la, mas se trata de uma comodidade que podemos, mesmo com esforço, recusar — e sabemos bem que ela não é exclusivamente nossa. No entanto, também cabe ressaltar que uma das características da poesia visual é um certo desapego do ego e uma disposição agregadora que se pode constatar na atuação coletiva em revistas, performances, exposições e antologias. É fato conhecido, por exemplo, que muitos poetas visuais atuaram (alguns ainda atuam) na arte postal, uma iniciativa de forte traço de horizontalidade nas trocas e diálogos. Isso faz com que se estreitem contatos entre poetas de diferentes regiões e países. É o que estamos buscando realizar aqui, nesta antologia reunindo poetas argentinos e brasileiros — vizinhos, mas nem sempre muito próximos.

De todo modo, a poesia visual tem vocação transnacional não apenas pelas formas de atuação de seus praticantes — essa tendência a não se circunscrever aos limites de uma língua e sua cultura é característica do próprio modo de ser dessa poesia. Contam para isso o esforço de concisão e brevidade e o uso criativo/crítico de imagens de ampla circulação. Evidentemente, também influem nessas características os rumos globalistas da economia e da cultura contemporâneas. Daí derivaram, ainda, aspirações a uma linguagem universal e a uma poesia total. O manifesto Proposição-67 do movimento poema/processo falava em "a técnica já criando nova linguagem universal (e não língua)", e o poeta visual italiano Adriano Spatola publicou em 1978 um livro a que deu o nome de *Verso la poesia totale* (Rumo à poesia total). Os poetas concretos, embora decididamente internacionalistas, foram cautelosos com essas projeções metafísicas escatológicas (aqui, no sentido de finalistas).

Recentemente, Nancy Perloff ressaltou que a transnacionalidade não obscurece, necessariamente, a cor local:

> "No entanto, mesmo assim, a aspiração a uma língua global não deve eclipsar a importância, especialmente para certas nacionalidades, da pronúncia e dos sons de uma determinada língua na transmissão de significado na poesia concreta".

Essa transnacionalidade deve estar aberta a alteridades em diferentes sentidos, não a conciliações simplificadoras. A intersemiose necessita da semiodiversidade. O leitor atento desta antologia certamente irá notar, tanto nos autores brasileiros quanto nos argentinos, as tensões entre o local e o global em muitos dos poemas aqui reunidos.

referências

AGUILAR, Gonzalo. *Poesia Concreta Brasileira: as vanguardas na encruzilhada modernista*.
São Paulo: Edusp, 2005.

ESPINOSA, Alfredo. *Poesía visual: las seductoras formas del poema*. México, DF: Editorial Aldus, 2004.

KHOURI, Omar. *Escritos de Lisboa: notas e reflexões sobre a Poesia Experimental portuguesa de par com o que acontecia no Brasil*. São Paulo: Espaço Líquido/Nomuque, 2021.

PERLOFF, Nancy. *Concrete Poetry: a 21st-century anthology*. London: Reaktion Books, 2021.

RISÉRIO, Antonio. *Ensaio sobre o texto poético em contexto digital*. Salvador:
Fundação Casa de Jorge Amado/COPENE, 1998.

bios
(obras/índice)

Alejandro Thornton — 146

[Buenos Aires, 1970] É formado em Artes Visuais, professor e pesquisador no Departamento de Artes Visuais da Univ. Nacional de las Artes. Vive e trabalha em Buenos Aires. Prêmios (seleção): Prêmio Carreira AAVRA, Asociación Artistas Visuales de la República Argentina (2020); 2º Prêmio Adquisición Céfiro de fotografía (2019); 1º Prêmio Categoria Videoarte, Bienal Nacional de Bahía Blanca (2013). Exposições individuais (seleção): *Acontecer en huelga*, Pabellon4 (2019); *AbstractA*, Pabellon4 (2017); *International Monkey Business*, Schauraum (Lucerna, 2015); *I write / I draw*, Charno Gallery (Kansas City, 2014). Exposições coletivas (seleção): *98 Salón Anual de Santa Fe* (2021); Prêmio MACSur Artes Visuales 2020; *File SP 2018* (São Paulo); *Space to dream: Recent Art from South America*, Auckland Art Gallery (Nova Zelândia, 2016); *Poéticas Oblicuas. Modos de contraescritura y torsiones fonéticas en la poesía experimental (1956-2016)*.

- **Poder y razón** (2019)
- **Esto también es una imagen** (2011)
- **No vuelvas** (2011)

Almandrade — 62

[São Felipe (BA), 1953] É artista plástico, arquiteto, mestre em desenho urbano e poeta. Participou de várias mostras coletivas, entre elas: 12ª, 13ª e 16ª Bienal de São Paulo; *Em Busca da Essência*, mostra especial da 19ª Bienal de São Paulo; 4º Salão Nacional; *Universo do Futebol* (MAM/Rio). Integrou coletivas de poemas visuais, multimeios e projetos de instalações no Brasil e no exterior e é um dos criadores da revista *Semiótica*, em 1974. Realizou mais de trinta exposições individuais em Salvador, Recife, Rio de Janeiro, Brasília e São Paulo e participou de feiras de arte nacionais e internacionais. Tem trabalhos nos principais museus do Brasil e no exterior, com destaque para as coleções do Museu de Arte do Rio e do Museum of Contemporary Art de Chicago. Também publicou os livros *O sacrifício dos sentidos*, *Poemas* e *Suor noturno*.

- **Poema olho** (1973)
- **Siga** (1973)
- **Quadrinhos** (1977)

Ana Aly — 110

[São Paulo, 1959] É formada em Artes Plásticas pela FAAP e cursou mestrado completo em Comunicação em Semiótica na PUC-SP (sem defesa de dissertação). Artista e poeta visual, tem participado de inúmeras exposições, antologias e revistas nacionais e internacionais. Fez a curadoria da exposição retrospectiva da obra de Philadelpho Menezes, na Casa das Rosas, *Goma de Mascarar/Sabor Mental* (2014) e, em 2019, lançou o livro *Coisias reunidas* (EDUC/Laranja Original), sobre a obra do mesmo autor. Publicou, em edições de pequenas tiragens, *Objetos diretos* e *Olhar*, além de diversos poemas em revistas e outras publicações.

- **Olhar** (1985)
- **A viúva viva** (2001)
- **Guarany** (2020)

Ana Verónica Suárez — 170

[Buenos Aires, 1970] É artista visual, editora, professora de arte e gestora cultural. Coedita o zine virtual *AuraPoesiaVisual*. Participação em: *Revista Pasaje #5*, publicação virtual (2022); *Cartões postais para Ayotzinapa*, exposição virtual e presencial: *Espacio de Arte "Belgrado"* (2022) C.A.B.A.; *Transversalidades – Poesia visual ou o visual na poesia*, organizado por COSMICA, Feira de Arte e Cultura Contemporânea; *I Jornada Internacional de Poesia Visual*, São Paulo; *Vírus, Antivírus, Desborde del borde Vigo – Homenagem a Vigo*, Hotel Dada (2017); *Memoria Verdad Justicia – Convocatória Internacional de Poesia Visual*, Centro Cultural de la Memoria Haroldo Conti. C.A.B.A. (2016); *Sin Medias Tinta(s)*, Piccolo Spazio Sperimentale, Pergamino, Buenos Aires (2016); *Homenagem a Joan Brossa: 10º aniversário da sua morte*, Fundação Joan Brossa (2008); *8º Encontro de Poesia Visual...*, Barraca Vorticista, Buenos Aires (2007).
anaveronicasuarez.blogspot.com

- **R de Revolución** (2021)
- **Ser** (2021)
- **De la serie Ser. Alphageometry** (2022)

Anderson Gomes — 190
[**São Bernardo do Campo** (SP), 1982] É artista gráfico, poeta e arte-educador. Foi um dos idealizadores da *I Jornada Internacional de Poesia Visual: Pesquisa e Criação*, ocorrida em 2021, na qual também colaborou com a produção geral. Em oficinas, busca desencadear processos em linguagem visual, poesia visual, experimentos gráficos e publicação. Orientou o módulo prático das cinco edições do curso Poesia Expandida do Centro de Referência Haroldo de Campos – Casa das Rosas. Participa no ABC Paulista e em São Paulo de ações, mostras e publicações coletivas, dentre outras, das revistas *Artéria*, *Circuladô* e *Bufo*. Com esta última, vem colaborando como editor e programador visual desde o primeiro número.

- **Sem título (Exu) (2010-2020)**
- **Oroboro (2016)**
- **Amarelograma (2021)**

André Vallias — 150
[**São Paulo**, 1963] É poeta, designer gráfico e produtor de mídia interativa. Viveu na Alemanha, onde, movido pelas ideias do filósofo Vilém Flusser, orientou suas atividades para a mídia digital. Em 1990 foi cocurador (com Friedrich W. Block e Valeri Scherstjanoi) da exposição *Transfutur – poesia visual da União Soviética, Brasil e Países de língua alemã*. Organizou em 1992, com Friedrich W. Block, a primeira mostra internacional de poesia feita em computador: *p0es1e-digitale dichtkunst*. Com Augusto de Campos, organizou a exposição *Erthos Albino de Souza. Poesia: do dáctilo ao dígito*, IMS-RJ (2010). Em 2012, organizou a exposição multimídia *GIL70* (Centro Cultural Correios, RJ; Itaú Cultural, SP). É autor de *Totem*, *Oratorio*, *Heine, hein?* e *Bertolt Brecht: Poesia* (Prêmio Jabuti na categoria tradução, em 2020). É editor da revista eletrônica *Errática*: erratica.com.br / andrevallias.com

- **Moteto para Lima Barreto (2017)**
  youtube.com/watch?v=GlaMUmJNNWc
- **As instituições estão funcionando (2018)**
  vimeo.com/574390126
- **Ele e eu (sobre canção de Gilberto Gil) (2022)**
  vimeo.com/andrevallias2/eleeeu

Ariel Gangi — 186
[**Buenos Aires**, 1973] Tem desenvolvido diferentes projetos na órbita da poesia visual e experimental. Organizou e coordenou o I Congresso Internacional de Poesia Visual e Experimental, Univ. Nacional de San Martín (2015). Suas obras compreendem vários registros: poesia visual, lirismo, ready-made, ação poética, livro de artista, poema-objeto, ensaio, poesia discursiva e outras formas relacionadas com as vanguardas do século 20. Livros de artista: *Sinapsis* (2007); *Wnock* (2016); *Babel* (2017); *Oferta especial* (2020). *WD-1443-1* (2020); *Trans* (2021). Livros editoriais: *Sinapsis* (2009); *Alphaumbra*, no livro coletivo *ABCDario* (2015); *xyzA-Cdef, Antología de Poesía Visual Argentina y Catalana* (2019) e *Zeit-geist* (2020).

- **De la serie de Wnock, n. 9 (2016)**
- **De la serie de Wnock, n. 4 (2016)**
- **De la serie de Zeit-geist (2018)**

Arnaldo Antunes — 126
[**São Paulo**, 1960] Poeta, compositor, músico e artista visual, foi um dos criadores e integrantes da banda Titãs e recebeu o Grammy com o grupo Tribalistas. Cursou Linguística na Univ. de São Paulo (USP), mas não chegou a concluir a faculdade; em 1980 já fazia parte da banda Performática, com a qual lançaria um álbum em 1981. No ano seguinte passou a integrar o grupo de rock Titãs, cujos sete álbuns ganhariam vários discos de ouro e platina. Em 1992 lançou o vídeo, livro e CD *Nome*, projeto multimídia com poesia, música e animação em computador. Publicou os livros de ensaios *40 Escritos* (*2000*) e *Outros 40* (2014). É autor de *As coisas* (1982), *Como é que chama o nome disso* (2006), *N.D.A.* (2010), *Agora aqui ninguém precisa de si* (2015) e *Algo antigo* (2021), entre outros livros. Tem obras traduzidas para o espanhol, entre elas, *Instanto* (2013), com seleção e tradução de Reynaldo Jimenez e Ivana Vollaro. arnaldoantunes.com.br

- **Anteapós (da série Caligrafias) (1998-2003)**
- **Ver (2004)**
- **Máximo (2008-2015)**

Augusto de Campos — 14

[**São Paulo**, 1931] É poeta, tradutor e ensaísta. Formou-se em Direito. Com seu irmão, Haroldo de Campos, e Décio Pignatari, formou o grupo Noigandres, que lançou a Poesia Concreta, em 1956, movimento que ganhou dimensão internacional. Publicou numerosos e importantes livros de crítica e tradução como *ReVisão de Sousândrade* (com Haroldo de Campos), *À margem da margem*, *Música de invenção* (1 e 2), *Mais provençais* e *O anticrítico*. Sua obra poética está quase toda reunida nos livros *Viva Vaia* (1979), *Despoesia* (1994), *Não* (2003) e *Outro* (2015). Parte importante de sua poesia não cabe no formato convencional de livro: *Colidouescapo* (1971), *Poemóbiles* (1974) e *Caixa Preta* (1975), por exemplo. Nas últimas décadas tem-se dedicado a atividades relacionadas com as novas mídias, tendo lançado com Cid Campos o CD *Poesia é risco* (1995), relançado em 2022. Em 2015, Augusto foi reconhecido com o Premio Iberoamericano de Poesía Pablo Neruda (Chile), em 2016 com a Grã-Cruz da Ordem do Mérito Cultural (Brasil) e em 2017 com o Janus Pannonius Grand Prize for Poetry (Hungria). augustodecampos.com / Instagram: @poetamenos

- **O pulsar** (1975)
- **Anticéu** (1984)
- **Poema-bomba** (1987)

Avelino de Araújo — 158

[**Patu** (RN), 1963] Produz literatura intersemiótica/experimental/poesia visual desde 1979. Suas obras já foram impressas em mais de 300 revistas, jornais, antologias em todos os continentes. Tem inúmeros poemas publicados em dezenas de livros didáticos. Também tem trabalhos publicados em vários sites na internet. Participou ativamente do movimento Mail Art ou Arte Correio nos anos 1970, 1980 e 1990. É autor dos livros *Antropoemas* (1980), *Livro de Sonetos* (1993), *Olho Nu* (1995), *Absurdomundo* (1997) e *Abrapalavra* (2001), entre outros. Mora em Natal (RN), onde trabalha exercendo a Medicina.

- **Apartheid soneto** (1988)
- **Longe** (2020)
- **Geneticamente modificado** (2020)

Belén Gache — 66

[**Buenos Aires**, 1960] É escritora e poeta; vive em Madrid. Desde os anos 1990, tem produzido poesia conceitual, literatura experimental e expandida, poesia visual, poesia eletrônica e videopoemas. É considerada uma das poetas pioneiras na utilização dos meios digitais. Publicou os romances *Lunas eléctricas para las noches sin luna* (2004), *Divina anarquía* (1999), *Luna India* (1994) e o romance de ficção científica linguística *Kublai Moon* (2017). Publicou os livros de poesia *After Lorca* (2019), *Meditaciones sobre la Revolución* (2014) e *El libro del Fin del Mundo* (2002). Publicou numerosos ensaios sobre literatura experimental, incluindo o livro *Escrituras nómades, del libro perdido al hipertexto* (2006). É licenciada em História da Arte e mestre em Análise do Discurso pela Univ. de Buenos Aires. O seu trabalho tem sido exposto em diferentes museus e galerias internacionais. Realizou conferências, leituras e performances em diferentes universidades e instituições culturais da Europa e da América. belengache.net

- **El desertor** (2005)
- **Herbario poético** (2005-2010)
- **Pez poético** (2022)

Claudio Mangifesta — 50

[**Buenos Aires**, 1956] É poeta visual e experimental, psicanalista e psicólogo formado pela Univ. Nacional de La Plata. Organizador e coautor, com Juan Carlos Romero e Hilda Paz, da antologia *Rastros de la Poesía Visual Argentina* (2014). Foi também organizador e coautor, com o poeta catalão Josep Calleja, da *...xyzA - Cdef...: antologia de poesia visual argentina e catalã* (2019). Com Luis Pazos, publicou três livros de poesia visual: *Letra Suelta* (2015), *Del Silencio como Mirada* (2016) e *La Escritura de la Ciudad* (2020). Com Josep Calleja publicou *Travessía* (2017). Com o artista belga Luc Fierens publicou *Tabula Rasa* (2019). Com o poeta Gustavo Vega Mansilla, de León, publicou *Analogías Transfronterizas* (Biblioteca Amazon, 2019). E com Hilda Paz *Poemas Visuales* (2011). Autor dos livros *Del Ventre de l'Aranya*, Barcelona (2018) e *Otra cosa* (2021). Convocador e organizador da *Exposição Internacional de Poesia Visual e Experimental*, Espacio Cero (Escola de Música de Buenos Aires), em três ocasiões: 2015, 2017 e 2019.

- **Morder** (2012)

- **Homenaje** (2009)
- **Deuda** (2017)

Daniela Mastrandrea — 202
[Coronel Dorrego, 1976] É professora e licenciada em Artes Plásticas pela Univ. Nacional de La Plata. Vive na Patagônia, na cidade de Puerto Madryn. Desenvolveu o seu trabalho no campo da arte gráfica e nos últimos anos tem explorado também a poesia visual e os livros de artista, os objetos e as instalações. Em janeiro de 2008 criou *i?*, uma publicação de poesia visual patagônica, que dirige e edita. Realizou exposições individuais no Centro Cultural de la Cooperación, no Centro Cultural Borges e em diferentes galerias de Buenos Aires. Participou de exposições coletivas na Argentina e na Espanha, na Colômbia e em Londres. Em 2010 recebeu o 2º Prêmio Federal de Gravura da Fundação Pécora e em 2011 a 1ª Menção do Prêmio de Estímulo à Gravura Dr. Bonifacio del Carril, ambos da Academia Nacional de Belas Artes. Em 2011 e 2012 foi selecionada na disciplina de gravura no Salón Nacional de Artes Visuales, Palais de Glace, e nos mesmos anos no Salón Manuel Belgrano Museo Eduardo Sívori.
www.danielamastrandrea.com

- **S/T. De la serie palabra insecta** (2014)
- **Dis-cursos III** (2014)
- **Dis-cursos IV** (2014)

Débora Daich — 138
[Buenos Aires, 1967] É artista e formada nas artes do movimento corporal, atuando por meio das linguagens da poesia visual, sonora, espacial experimental e do uso da instalação e dos signos performativos. Nos anos 1980/1990, apresentou várias peças de dança de sua autoria e de outros coreógrafos em espaços como o Cemento, ciclos de dança-teatro na Liberarte, entre outros. Seus trabalhos foram apresentados no Museu de Arquitectura de Buenos Aires, Museo de la Mujer, Museo del Libro y la Lengua, Kamin Fabrik Berlin, Barraca Vorticista, C.C. Recoleta, Galería Hotel Dada entre outros. Em 2016 participou da exposição *Poéticas Oblicuas*, Fundación OSDE, com curadoria de Fernando Davis e Juan Carlos Romero. Ganhou o Prêmio Clamor Brzeska atribuído pela Vortice Argentina nas edições de 2019 e 2022. Publicou dois livros: *) de (tiene* (2007) e *Helecho Sobretodo* (2017). Participa constantemente de vários editais de poesia experimental. Faz parte dos grupos Contar con Pasos e Performances de Encierro.
www.deboradaich.com | Instagram: @deboradaich

- **(gramo) (grumo) (grado)** (2013)
- **(en el jardín del pato)** (2022)
- **(distingo dos ladridos)** (2022)

Diego Axel Lazcano — 114
[Buenos Aires, 1963] É artista plástico e designer gráfico. Estudou na Escuela Nacional de Bellas Artes Prilidiano Pueyrredón e Design Gráfico na Faculdade de Arquitetura, Desenho e Urbanismo FADU, da Univ. de Buenos Aires. Dedica-se ao design editorial e à gravura. Participa da rede internacional de arte postal e de convocatórias e exposições coletivas de artes visuais. Em 2013, criou sua marca editorial ArsEt Ediciones com seu projeto *8cho Y och8*, publicado sucessivamente na web, tendo a publicação do livro impresso sido concluída em outubro de 2014. Participou de exposições e publicações de poesia visual entre as quais se destacam: *....xyzA - Cdef...: antologia de poesia visual argentina e catalã* (2019) e *Pegatinas, afiches agitando las calles*, antologia-ensaio sobre adesivos e cartazes de artistas e reivindicações políticas (2022). diegolazcano.com

- **Pensamientos y vivencias en cuarentena** (2020)
- **Mandatos de familia** (2022)
- **Modelo vivo web** (2022)

Elson Fróes — 166
[São Paulo, 1963] Formou-se em Letras pela Pontifícia Univ. Católica (PUC-SP). Colaborou com poemas e traduções em vários jornais e revistas literárias no Brasil e no exterior. Participou de várias mostras internacionais de poesia visual, como a *IV Bienal Internacional de Poesia Visual y Experimental*, no México, em 1994. Realiza trabalho de divulgação cultural desde 1998 no portal *Pop Box* (elsonfroes.com.br). Lançou *Poemas Diversos* (2008), *Viajo com os olhos, poemas visuais* (2018), *Brinquedos Quebrados* (2019) e *Poemas Traduzidos* (2022). Foi curador de três edições da mostra *Videopoéticas* no Centro Cultural São Paulo, entre 2011 e 2014.

- **Autópsia das utopias** (1986)

- **Bomba zen (1993)**
- **A beij o lor f (2022)**

Fabio Doctorovich — 74
[Buenos Aires, 1961] É doutor em Química e professor na Univ. de Buenos Aires. Cofundador do Paralengua, o movimento de poesia experimental na Argentina (1989-1998), fundou também Postypographika, uma editora de crítica literária e literatura experimental. Tem publicadas as seguintes obras de hiperpoesia Paralengua: *The Construction of a Logo* (1996); *Abyssmo* (1997); *9MeneM9*, (1998), *Lux Perpetua* (2000) e *Pasajes* (1998). Sua poesia experimental pode ser encontrada na página *Poesia / Try Experimental*: facebook.com/Poesia-Experimental-1165306696837451. Publicou, entre outros, os livros: *POL! V%? O / pólumm* (1988); *Tierra de Malandras* (1994); *Bribage Cartooniano* (1994); *Bsz Asz* (2005). *Transductiones*, com John Bennett, (2016); *El punto ciego. Antología de la poesía visual argentina de 7000 a.C. al tercer milenio.* (2016). postypographika.wordpress.com

- **Poema QR Huellas (2019)**
- **Al grito de Paralenguas (1995)**
- **Bandera QR Argentina (2022)**

Franklin Valverde — 118
[São Paulo, 1959] É poeta, escritor, jornalista e professor universitário. Bacharel em Comunicação Social pela PUC-SP, mestre em Língua Espanhola e Literaturas Espanhola e Hispano-Americana pela USP e doutor em Ciências da Comunicação pela ECA-USP. Entre suas publicações, encontramos livros de poesia, contos, livros de artista e poemas-objeto. Pela Editora Patuá participou com poemas nas antologias *Ruínas* (2020), *Patuá 10 anos + Patuscada* (2021) e *Sarau Impresso* (2022). Pela mesma editora publicou os livros de contos *Antes do zoológico* (2018), *Babylonia blues* (2019) e também *Concretudes* (2022), uma síntese de sua produção poética visual dos últimos quarenta anos.

- **Semilla (2010)**
- **Stop violence against women (2015)**
- **Flor de aire (2021)**

Gab Marcondes — 182
[Rio de Janeiro, 1972] É médica, poeta, artista visual e mestre em Música pela Univ. Federal do Rio de Janeiro. Lançou pela 7letras *Videoverso: poesia que lê vendo; que se vê lendo*, *Depois do vértice da noite* (2010) e *Mão dupla* (2016). Em 2015, lançou *Em caso de emergência pare o tempo*, pela editora Circuito. Além dessas, tem diversas publicações independentes. Para além do papel, seu trabalho se expande para videopoemas, poemas sonoros, aplicativos poéticos e objetos poéticos, sempre explorando a relação entre escrita e visualidade.
inutensiliospoeticos.com/o-que-dizem-por-ai/

- **Poema diluído (2010)**
- **Believe (2012)**
- **Umamorcega (2016)**

Gabriel Kerhart — 198
[São Paulo, 1982] É poeta, artista visual, performer, tradutor e livreiro. Como poeta, publicou nas revistas: *Artéria*, *Errática*, *Pitomba* e *Circuladô*, entre outras. Como artista visual participou das exposições *GIL70* e *TOM ZÉ 80*. Codirigiu o clipe da música "Trevas", de Jards Macalé. Como performer, atuou em *Hagoromo de Zeami* (baseada na tradução de Haroldo de Campos e com a coordenação de Renato Cohen); *O Inferno de Wall Street*, do poeta maranhense Joaquim de Sousândrade (com o grupo Riverão); e *Catatau*, com Lúcio Agra. Como tradutor, publicou em parceria o livro *Jonas Mekas: Diários 1970-1972*, e mais recentemente, o livro *Revolução Ocular do Globo, escritos ópticos de Bob Brown*.

- **Pinşar (2015-2023)**
- **De asfalto o ar está carregado (2018)**
- **Estilingue-Brown (2022)**

Gabriela Alonso — 106
[Buenos Aires, 1963] É professora de artes visuais. Gestora cultural independente, foi subsecretária de Culturas e atualmente trabalha na direção geral de Museus, Patrimônio e Identidade Territorial do Município de Quilmes. Coordenou e cocoordenou vários eventos e laboratórios de arte performativa na Argentina, tendo colaborado na realização de eventos e festivais na América Latina. Sua produção resgata memórias, saberes, poesia humana e urbana e

está sempre ligada aos diversos problemas que afetam as comunidades em que vive e trabalha. Foi selecionada na IV Bienal do Sul: *Pueblos en Resistencia*, na Venezuela, em 2021. Já apresentou seus trabalhos em diversos países, como Canadá, Índia, França, Espanha, Colômbia, Buenos Aires, Chile, Brasil, Porto Rico, Venezuela, Uruguai, Peru.
gabialonsoblog.wordpress.com | relatosderecetas.blogspot.com

- **Milagro** (2018)
- **Poesía desordenada** (2016)
- **Poesía performance** (2020)

Gastão Debreix — 134

[**Guaiçara** (SP), 1960] Dedica-se à poesia, às artes visuais, ao design e ao ensino das artes. Vive e trabalha em Bauru (SP). Como artista plástico e poeta visual, tem participado, nos últimos 35 anos, de inúmeras exposições em Bauru, São Paulo (SESC Pompeia, FAAP, Galeria Virgílio, IA-UNESP), Austin (Texas, EUA) e outras. Além de publicações autônomas, tem veiculado seus trabalhos em revistas independentes, como *Artéria*. Em 2011, lança o livro *Gastão Debreix: razão e sensibilidade*, com apresentação de Omar Khouri, uma coletânea de sua produção artístico/poética e, em 2021, *Dez Trinchas*, edição do autor com curadoria de Daniel Rangel, livro no qual, inspirado no poeta e artista catalão Joan Brossa, registra poemas, serigrafias e objetos produzidos, em sua maioria, no período pandêmico.
Instagram: @gastaodebreix

- **Poesia** (1991)
- **Complexover** (2011)
- **Afônico** (2018)

Gil Jorge — 142

[**Santo André** (SP), 1960] Trabalhou em São Paulo e há 17 anos vive em Paraty (RJ). Poeta, editor e promotor de eventos culturais. Boa parte dos poemas que realizou desde os anos 1980 se situa na vertente de uma caligrafia gestual e tipográfica. Foi coorganizador da mostra *Poesia Evidência*, em 1984, na Pontifícia Univ. Católica SP; coeditor da revista de caligrafia impressa em serigrafia pela Entretempo, *AGRRAFICA*, em 1987 e coeditor do álbum *Atlas*, com mais de 80 participantes, entre cineastas, artistas plásticos, poetas, músicos etc. Tem publicado poemas em várias edições da revista *Artéria*, editada por Omar Khouri e Paulo Miranda. Publicou o seu primeiro livro de poemas visuais, intitulado *Mínimas*, em 2019, pela Ed. Demônio Negro.

- **Vampiros I** (1983)
- **Premissa** (1992)
- **Ócios do ofício** (2016)

Hilda Paz — 42

[**Buenos Aires**, 1950] Estudou Artes Visuais na Escuela de Bellas Artes Carlos Morel e mais tarde trabalhou como professora de gravura e pintura. Expõe desde 1968. Livro de artista: *bicentenários*, 2010. Gráficos experimentais: *Reencuentros*, Rosario, 2010; *Projecto colectivo UNIART*, 2011, Univ. de Quilmes Roma; Exposição de livros de artista na Univ. Argentina, Buenos Aires, 2011; *Tiemblen sueños grabados*, Centro Cultural de la Cooperación Capital, 2012; *Artistas da poesia visual*, Porto Alegre, 2013. Participa de vários grupos gráficos e de ação tais como Grafica Experimental e Mutual Argentina. Participou da *III Exposição Internacional do Livro de Artista* de Budapeste; *O Livro de Artista*, Castel San Angelo, Itália; *International Artists Books – Homenagem a Ulises Carrión*, Univ. do México; *Exposição Internacional Homenagem a Joan Brossa*, Huelva, Espanha; *Poesia Visual na América Latina*, Centro Cultural Recoleta, Vortice Argentina; *Poesia Visual Hoje*, Vortice Argentina. Prêmio Xylon Argentina pela trajetória em gravura 2005-2016.

- **Palestina** (2020)
- **El afuera** (2021)
- **Espacio** (2022)

Horacio Zabala — 34

[**Buenos Aires**, 1943] Artista e arquiteto formado pela Univ. de Buenos Aires em 1971. Viveu em Roma, Viena e Genebra entre 1976 e 1998, altura em que regressou à sua cidade natal. A sua primeira exposição individual foi *Anteproyectos*, no Cayc, Buenos Aires, em 1973; a mais recente foi *Purity Is in the Mix*, no Phoenix Art Museum, em Phoenix. Tem publicados os livros: *El arte e o mundo por segunda vez*, Rosario (1998); *El arte en cuestión* (com Luis F. Noé), Buenos Aires (2000); *Duchamp y los restos del ready-made*, Buenos Aires (2012); *300 metros de cinta negra para enlutar una plaza pública*,

Buenos Aires (2012). Em 2005, foi agraciado com o Gran Prémio Adquisición, Salón Nacional de Artes Visuales, Buenos Aires. Obras em coleções públicas e privadas, incluindo: The Metropolitan Museum of Art, Nova Iorque; Museo Nacional de Bellas Artes, B. Aires; Tate Modern, Londres; Museo Nacional Centro de Arte Reina Sofía, Madrid. Prêmios (seleção): Primeiro Prêmio de Aquisição, LVIII Salão Nacional de Rosário, (2004); Grande Prêmio de Aquisição, Salão Nacional de Artes Visuais, B. Aires (2005); Prêmio de Realização, Coleção de Arte Cisneros Fontanals, Miami (2018).

- **Hipótesis XXII** (2010)
- **Hipótesis XII** (2010)
- **La caída de los cuatro puntos cardinales** (2015)

Hugo Masoero — 122

[Álvarez, 1965] É artista visual, curador, gestor cultural, professor e pesquisador na Univ. Nacional de Rosario e na Univ. Autónoma de Entre Ríos. Participou de exposições individuais e coletivas na Argentina, no Brasil, no Canadá, na Espanha e na Itália. Iniciou-se na prática da poesia visual há mais de 20 anos e é seu promotor, dando cursos e oficinas de produção, tanto na universidade quanto particulares. Foi diretor do Centro de Estudios de Propuestas Artísticas Híbridas de 2001 a 2006 e hoje é diretor e fundador do Espacio de Investigación en Arte Contemporáneo "La Caverna", na cidade de Rosário. Suas obras incluem instalações, intervenções urbanas, objetos, fotografias, livros de artista e poesia visual. Os seus poemas também foram reunidos nas antologias *Poesía visual argentina* (2006), de García Delgado e Romero, e *Rastros en la poesía visual argentina* (2014), de Paz, Romero e Mangifesta, e nas revistas *La Tzara* (2004 e 2006) e *Vortex3* (2006).

- **Piden pan** (2021)
- **La rueda** (2022)
- **La ruleta de Dios** (2022)

Ivana Vollaro — 178

[Buenos Aires, 1971] Estudou Artes e Direito na Univ. de Buenos Aires. Frequentou o atelier de Mirtha Dermisache e, desde fins dos anos 1990, participa de festivais e bienais de poesia experimental. Em 2003, recebeu uma bolsa da Fundación Antorchas para trabalhar com a artista Lenora de Barros. Desde então, mantém uma relação estreita com o cenário artístico brasileiro. Com seu trabalho, participou de inúmeras exposições como a 7ª Bienal do Mercosul, PROA, Centro Mariantonia-USP, Museo de Arte Moderno de Buenos Aires, Castagnino+Macro, Museu de Arte Contemporânea de Buenos Aires - Macba e Fondation Fiminco, entre outras. Publicou: *Além da página*; *Quase o mesmo*; *Em torno da tradução* e *Réplica* pela Editora Paréntesis; *Listas*, com Juan Carlos Romero, Edições Tijuana.

- **Portuñol/portunhol** (2000)
- **To vip or not to vip** (2012)
- **Poema redondo** (1997)

Javier Robledo — 90

[Buenos Aires, 1962] É escritor, artista audiovisual, performer, produtor cultural. Publicou seis livros de poesia e um de contos. Fundador e diretor da *Bardo*, revista de poesia de 1996 a 2004. Ganhou o Prêmio Clamor Brzeska, da Vortice Argentina (1994), e o Prêmio de Poesia Editorial 3+1 25 anos. Participou de antologias de poesia na Argentina, nos EUA, no Brasil, no México e na Itália. É membro da Associação de Poetas Argentinos. Participou de várias exposições de poesia visual e tem um poema visual seu em livro do ensino médio da Editora Santillana. Fundador e diretor do Video-Bardo, Archivo y Festival Internacional de Videopoesía de 1996 até hoje, em 21 países, sendo o mais antigo festival do gênero em atividade no mundo. Realizou numerosos videopoemas e documentários exibidos em vários países. Como intérprete, participou em numerosos festivais e exposições na Argentina e no exterior. Foi cofundador da cidade cultural Impa La Fábrica, onde construiu e dirigiu o Microcine Farbil de 1999 a 2013 com atividades de poesia, vídeo e performance.

- **Poema Excel** (2012)
- **P-O-E-S-I-A** (2000)
- **Terminante** (2010)

Julio Mendonça — 102

[São José do Rio Preto (SP), 1958] Vive em Santo André (SP). Possui graduação em Italiano pela USP (1987), doutorado em Comunicação e Semiótica pela Pontifícia Univ. Católica de São Paulo (2003) e especialização em Gestão Pública pela UFABC (2011). É poeta, professor e coordena o Centro de Referência Haroldo de Campos, na Casa das Rosas. Foi diretor de cultura de São Bernardo do Campo. Foi curador de várias exposições e organizou os livros *ABC RAP, Poesia (Im)Popular Brasileira* e *Que pós-utopia é esta?*. Tem publicado poemas e artigos em diversos jornais e revistas. Publicou o livro *Democratizar a participação cultural* e as plaquetes *De 'A' a Zukofsky* e *Poesia, Memória e o presente que nos arrasta*.

- **Zoomanosluz (1997)** — realização gráfica: JM e Neon Cunha
- **Poética (2017)** — realização gráfica: Sonia Fontanezi
- **Tudo mente (2023)** — realização gráfica: Anderson Gomes

Ladislao Pablo Györi — 98

[**Buenos Aires**, 1963] Nos anos 1980, inicia sua atividade literária e suas experiências em computação gráfica, promovendo uma arte geométrica 3D, intimamente relacionada com a estética Madí. Também interessado em poesia experimental, utiliza a teoria da informação nas suas composições. Cofundador em 1994, juntamente com Gyula Kosice e José E. García Mayoraz, do grupo interdisciplinar TEVAT. Em 1995, propôs a sua poesia virtual, onde vertebrou a função poética das linguagens em sistemas de realidade virtual. Autor de numerosas obras relacionadas com as artes visuais, a escrita e a informática. Publicou os seguintes livros: *Estiajes* (1994), *Primeiros 25 anos visuais* (2010), *Kosice e a arte tecnológica* (2011), *Usinagem aditiva em artes visuais* (2013), *Notação para uma linguagem inexistente* (2014) e *Exografia* (2017). lpgyori.net

- **Espacio sonoro (1998)**
- **Vpoema 13 (1995)**
- **Hommage a E. A. Vigo (2007)**

Lenora de Barros — 70

[**São Paulo**, 1953] Tem como suportes mais frequentes a fotografia, o vídeo, a instalação e a performance. Formou-se em Linguística pela Faculdade de Filosofia, Letras e Ciências Humanas da Univ. de São Paulo (FFLCH/USP) na década de 1970. Realizou exposições individuais e coletivas em instituições conceituadas como o Centro Universitário Maria Antonia (São Paulo), o Museu de Arte Moderna do Rio de Janeiro, a Casa Daros (Rio de Janeiro), o Centro Cultural Banco do Nordeste (Fortaleza), a Fundação Proa (Buenos Aires), a Trienal Poli/Gráfica de San Juan de 2012, a Bienal de Lyon de 2011, as 29ª, 24ª e 17ª Bienais de São Paulo, as 7ª e 5ª Bienais do Mercosul (Porto Alegre), o Museu da Cidade de Lisboa. Participou da Bienal de Veneza em 2022. Suas obras fazem parte de coleções importantes no Brasil e no exterior. Entre outras obras, publicou *Onde se vê* (1983) e *Relivro* (2011), pela Automatica Edições.

- **Poema (1979)** — fotos: Fabiana de Barros
- **Eu não disse nada (1990)** — fotos: Marcos Augusto Gonçalves
- **Procuro-me (2001)**

Luis Pazos — 26

[**La Plata**, 1940] Artista conceitual, performer e poeta. Foi membro dos grupos Esmilodonte, Grupo La Plata, Movimiento Diagonal Cero, Grupo de los 13, CAYC e Grupo Escombros. Publicou os livros-objetos: *El dios del laberinto* e *La Corneta* em 1967, publicados pela revista *Diagonal Cero*, dirigida por Edgardo Antonio Vigo. Com Claudio Mangifesta, publicou três livros de poesia visual: *Letra suelta* (2015), *Del Silencio como mirada* (2016) e *La escritura de la ciudad* (2020). Publicou os livros *O Caçador Metafísico, Colectânea de Poesia I* (2011), *Poesia Coleccionada II, A Canção de Godofredo de Bouillon, La espada de Dios* (2019), *Mulata* (2021) e *150 Pensamientos para pensar la poesía* (2021). A sua obra faz parte das coleções do Museo Nacional Centro de Arte Reina Sofía de Madrid, do The Museum Modern Art de Nova Iorque, do Museo de Arte Moderno de Buenos Aires, do Centro Experimental de Vigo e do Museo Nacional de Bellas Artes. Recebeu o Prêmio Distinção à Trajetória da Academia Nacional de Belas Artes (2020) e o Prêmio Nacional à Trajetória Artística 2020/2021, do Palais de Glace (2021).

- **El beso (1967)**
- **Sonido roto (1967)**
- **Está despedido (2020)**

Marcello Sahea — 174

[**Rio de Janeiro**, 1971] É poeta, performer, ensaísta, tradutor e artista sonoro/visual. Publicou os livros: *Carne Viva* (2003), *Leve* (2006), *Nada a Dizer* (2010) e *Objeto Intersemiótico* (2021). Gravou os álbuns *Pletórax* (2011) e *Preparando Meu Próximo Erro* (2020). Como performer, se apresentou em palcos do Brasil, do México e da Espanha. Integra diversas antologias, coletâneas, revistas e sites especializados em arte, literatura e poesia no Brasil, nos EUA, na França e na Espanha. Trabalha com videoarte, realizou exposições e participou de mostras e festivais de arte digital, poesia sonora, poesia visual e videopoesia em países como Brasil, México, Portugal, Inglaterra, Eslovênia, Grécia e EUA. sahea.com.br

- **Clitolhos (2010)**
- **Futuro (2019)**
- **Aruká (2021)**

Marcelo Tápia — 78

[**Tietê (SP), 1954**] É poeta, ensaísta e tradutor e vive em São Paulo. É autor dos livros *Primitipo* (1982), de poesia visual, *Refusões: poesia 2017-1982* (2017), *Týkhe: uma quarentena de poemas* (2020), *Nékuia: um diálogo com os mortos* (2021) e *Desviações* (2021), entre outros. Doutor em Teoria Literária e Literatura Comparada pela FFLCH-USP, realizou pós-doutorado em Letras Clássicas na mesma instituição, onde atua como professor do LETRA – Programa de Pós-Graduação em Letras Estrangeiras e Tradução. É diretor da Rede de Museus-Casas Literários de São Paulo, da Secretaria de Estado de Cultura e Economia Criativa.

- **Ond (_como ondear um mar sem tontear-me o onde_) (1982)**
- **Fórmula do mar (2007)** — versão sonora: Daniel Tápia; animação: André Vallias
- **Time of the plague (2020)**

María Paula Doberti — 130

[**Buenos Aires, 1966**] É professora de pintura formada pela Escuela Nacional de Bellas Artes Prilidiano Pueyrredón, formada em Artes Visuais pelo Instituto Universitario Nacional de Arte e mestre em Artes Cênicas pela Univ. Nacional de las Artes. Atua como pesquisadora no Departamento de Artes Visuais (UNA) e no Departamento de Artes da Faculdade de Filosofia e Letras (Univ. de Buenos Aires). Seu campo de trabalho abrange a arte urbana e política, utilizando desenhos, instalações, intervenções urbanas, objetos, colagens, vídeos, performances e pesquisas, em obras e textos que mergulham em diferentes territórios da memória. Trabalha em colaboração com vários coletivos, com os quais investiga e experimenta em espaços públicos, alternativos e museológicos: Museo del Objeto Contemporáneo, Dibujos Urgentes, Río Memoria e La Compañía de Funciones Patrióticas. Trabalha em gestão, curadoria e instalação no Umbral Espacio de Arte, um espaço de experimentação e encontro, que codirige com Débora Kirnos.

- **Tortura (2021)**
- **Delmira (2022)**
- **Derecho a la ciudad (2022)**

Marie Orensanz — 18

[**Mar del Plata, 1936**] Prêmios mais recentes: 2021 – Ciudadana Ilustre, Buenos Aires, Argentina; 2020 – Prix Aware, Prêmio de Honra (Arquivos de Mulheres Artistas, Investigação e Exposições); 2019 – Chevalier de l'ordre des Arts et des Lettres (Ordem das Artes e das Letras) pelo Governo Francês e pelo seu Ministro da Cultura. Prêmio Nacional de Carreira Artística; 2018 – Ministério Nacional da Cultura, Argentina. Suas obras são propriedade de, entre outros: Centro de Arte y Comunicación (CAYC), Buenos Aires; Musée G. Pompidou, Paris; Museum of Latin American Art (MOLAA), Los Angeles; Museu de Bremen, Alemanha; Centrum für Kunst, Vaduz, Liechtenstein; Museo de Arte Latinoamericano Contemporáneo de Manágua, Nicarágua; Centro de Documentación de Arte Actual, Barcelona; Fondo Nacional de las Artes, Buenos Aires; Museu de Arte Moderna, Buenos Aires; Museu Nacional de Belas Artes, Buenos Aires. Últimas exposições: (individual) *el fluir del pensamento*, Hotel des Inmigrantes (coletiva); 2022 – *ARCO,* Madrid; *Art Paris*, Grand Palais, Paris.

- **Pensar es un hecho revolucionario (1999)**
- **Cada cual atiende su juego (2002)**
- **Fraternidad (2004)**

Neide Dias de Sá — 22

[**Rio de Janeiro, 1940**] É uma das fundadoras do movimento de vanguarda Poema/Processo, que teve início em 1967, tendo participado da publicação das revistas *Ponto 1*, *Ponto 2*, *Processo* e *Vírgula*, ligadas ao movimento. O início de sua produção, na década de 1960, é marcado pela associação aos ideais radicais e politicamente engajados do movimento. Em 1976, ingressa na Pontifícia Univ. Católica do Rio, onde estuda Programação Visual, formando-se em 1980. Três anos depois faz pós-graduação em Arte

Educação no Instituto Metodista Benett; cursa gravura e fotogravura, com Tereza Miranda; pintura, com Katie van Scherpenberg e participa da Oficina de Gravura, desenvolvendo pesquisas com gravura em relevo, no Museu de Arte Moderna do Rio. Em paralelo aos estudos, dirige o Núcleo de Arte Heitor dos Prazeres, entre 1966 e 1983. A partir da década de 1980, Neide se debruça sobre a criação de obras participativas, em que o corpo do espectador opera como parte integrante da obra de arte.
galeriasuperficie.com.br/artistas/neide-de-sa

- **A corda** (1967)
- **Transparência** (1968)
- **Transluz** (1973)

Omar Khouri — 38
[**Pirajuí** (SP), 1948] É graduado em História pela Univ. de São Paulo (1973-4), tem mestrado (1992) e doutorado (1996) em Comunicação e Semiótica pela Pontifícia Univ. Católica de São Paulo. É livre-docente em Teoria e Crítica da Arte pelo Instituto de Artes da Unesp (2007). No mesmo instituto, chefia o Grupo de Pesquisa "Arte Construtiva Brasileira e Poéticas da Visualidade". É poeta, artista gráfico, editor, historiador e crítico de linguagens, ocupando-se, também, com a elaboração de uma prosa ficcional experimental. Está à frente da Nomuque Edições, desde 1974, como coeditor e autor publicado, destacando-se o trabalho feito com a revista *Artéria*, de poesia intersemiótica, cujo número 1 é de 1975. Publicou *em caso de perigo, abra em* (1980), *Revistas na era pós-verso* (2003), *Escritos de Lisboa: notas e reflexões sobre a poesia experimental portuguesa...* (2021) e, sob o pseudônimo de Dr. Ângelo Monaqueu, *Poemas: sob a égide de Eros* (2001) e *Poemas da mãe* (2008), entre outros. Vive em São Paulo. nomuque.net

- **Erotografias** (1975)
- **Sem título** (1976)
- **Traduttore traditore** (2015)

OmarOmar — 154
[**Buenos Aires**, 1970] É estilista do pensamento, argentinista mágico e artista plástico marcial. O seu trabalho combina poesia visual, projetos objetuais, arte postal e intervenções urbanas. Fundador do zine virtual *AuraPoesiaVisual* e do grupo de arte experimental EquipoAlamarchanta. Sócio-fundador da Asociación Vortice Argentina, associação civil de artistas visuais. Tem publicados os livros *Proyecto Docena* (2008) e *Poesía Visual Argentina* (2006). omarnovedades.blogspot.com

- **Conjunción copulativa, la señal** (2022)
- **NaVes** (2022)
- **Rastros** (2022)

Paulo Miranda — 54
[**Pirajuí** (SP), 1950] Frequentou duas vezes a Faculdade de Letras da USP e uma a de Jornalismo da FAAP, entre final dos anos 1960 e meados dos anos 1970, não tendo concluído nenhuma delas. Em 1968, ano em que fixou residência em São Paulo, começou a trabalhar como aeroviário e atua até hoje como agente de viagens. Juntamente com seu conterrâneo Omar Khouri, criou em 1974 a Nomuque Edições e a revista *Artéria*, a mais longeva e uma das mais importantes revistas brasileiras de poesia experimental, ainda em atividade. Poeta de extremo rigor e concisão, até hoje não publicou livro, e sua pequena mas marcante produção poética encontra-se divulgada apenas em revistas e antologias. É, também, impressor, estudioso de poesia e promotor de eventos. Vive em São Paulo. nomuque.net

- **Soneto** (1975)
- **La vie en** (1978/1993)
- **Pisa** (1985) — foto: Fernando Laszlo

Ro Barragán — 162
[**La Plata**, 1970] É artista plástica com mestrado em Estética e Teoria da Arte. Trabalha na Faculdade de Artes da Univ. Nacional de La Plata como professora de gravura e, neste âmbito, desenvolve atividades de pesquisa e extensão, atividades que ligam o meio acadêmico à vida social. Ideóloga e criadora da Ilusión Gráfica, um atelier-oficina de artes gráficas centrado na experimentação e na impressão tipográfica. É sócia-fundadora da School of Bad Printing, juntamente com Jan-Willemvan der Looij, da Mizdruk Ink'orporated, em Eindhoven, Holanda, e Amos Kennedy, da Kennedy Prints, Detroit, USA. Realizou numerosas exposições, no país e no exterior, principalmente no domínio gráfico.

- **Poema 35** (2020)

- Never_ever (2021)
- Waiting (2021)

Samuel Montalvetti — 82

[**Buenos Aires**, 1961] É professor de Artes Visuais na Univ. Nacional de las Artes. É professor de escultura, gravura e pintura no Departamento de Artes Visuales Prilidiano Pueyrredón. É professor de cursos de pós-graduação e/ou formação extracurricular em grafismo, escultura e pintura na Escola de Belas Artes Ernesto de la Cárcova, Univ. Nacional de las Artes. Professor pesquisador na Univ. Nacional de las Artes. Participante e organizador de exposições em diversas instituições, galerias e centros culturais e participante ativo da Red de Arte Correo. Participa regularmente em redes temáticas ou institucionais. Vagueia sem rumo pela Cidade Autônoma de Buenos Aires e seus arredores, convencido de que quem perde tempo ganha espaço.

- Sin título (2018)
- Delictif (2018)
- Sin título (2012)

Sergio Bonzón — 58

[**Pergamino**, 1959] Artista plástico e gestor cultural. Pós-graduado em Artes Plásticas pela Univ. Nacional de Rosario. Gestão Cultural, Univ. Nacional de Mar del Plata. Professor de Artes Visuais, Escola de Artes Visuais, Pergamino. Coordenador do grupo Itinerancia 6 desde 2013. Coordenador do grupo Bonaerenses a toda tinta desde 2019. Membro da equipe de coordenação de Pergamino Mes del Grabado desde 2020. Editor, com Carlos Barbarito, da revista online *Pasaje*. Direção e curadoria, entre outras, da exposição *Palabra sublevada*, Museo Municipal, Pergamino, 2022. Participou em numerosas exposições coletivas nacionais e internacionais. Publicou o livro: *Lugar de apariciones* (colagens e poemas) com Carlos Barbarito (2021). Tem trabalhos publicados em diversas revistas: *AuraPoesiaVisual*, Argentina; *Athena*, Portugal; *Agulha*, Brasil, entre outras. Também em cenografias: Apresentação do álbum *Marcas*, de Víctor Heredia, no Luna Park, Buenos Aires; *De amor y de sangre*, no Teatro Ópera, de Víctor Heredia. As suas obras encontram-se em diversas coleções privadas, no Museo Solidario Salvador Allende de Santiago do Chile, no Museo de Bellas Artes de Pergamino, no Museo Comunitario de Azul e no Museo de Arte Contemporáneo de Junín.

- Poema 4 (2020)
- Por si las moscas (2020)
- 38 poemas superpuestos (2022)

Silvio De Gracia — 194

[**Junín**, 1973] Escritor, artista visual, poeta experimental, performer e curador independente. A sua produção é desenvolvida em múltiplos meios, incluindo poesia visual, arte postal, performance, vídeo, ações poéticas e prática editorial. Durante 20 anos (2002-2022), editou a histórica revista de arte postal e poesia visual *Hotel Dada* e desde 2010 dirige o selo editorial Hotel Dada. Participou em: *I Jornada Internacional de Poesia Visual*, São Paulo (2021); *III e IV Biennale Internationale de Poésie Visuelle*, Ille sur Tet, França (2017-2019); *II Trienal Internacional de Poesia Experimental*, Valjevo, Sérvia (2014); entre outras. Foi incluído na *Antologia de Poesia Visual Gramma Visual* (2006) e em *...xyzA - Cdef...: antologia de poesia visual argentina e catalã* (2019). Autor, entre outros, dos livros *Instrucciones* (2022); *Erecciones visuales* (2022); *Interferencias: Una década de arte acción 2005-2015* (2020) e *Poesía remixada* (2018). Em 2020, com a artista e poeta experimental Ana Montenegro, fundou a galeria de arte Hotel Dada, um centro de exposição e documentação de obras.

- Saciedad de consumo (2016)
- Silencio (2016)
- Soneto de la muerte (2018)

Sonia Fontanezi — 46

[**São Paulo**, 1948] É pesquisadora, designer, poeta, artista visual e curadora/promoter. Licenciada em Educação Artística pela Fundação Armando Álvares Penteado (FAAP), foi pesquisadora no IDART/Departamento de Informação e Documentação Artísticas, onde trabalhou ao lado de Julio Plaza, Fernando Lemos, Hermelindo Fiaminghi e Ricardo Ohtake. Atuou nos anos 1980, na Divisão de Pesquisas do Centro Cultural São Paulo – CCSP (ex-IDART); lá, realizou a curadoria da exposição sobre os 30 anos do IDART, em 2007, a convite de Martin Grossman, diretor do CCSP, à época. Teve importante participação na feitura da revista *Zero à Esquerda*

(1980-81). Em 1987, foi curadora da mostra *A Trama do Gosto*, realizada no prédio da Bienal de São Paulo. Trabalha como designer para editoras. Publicou poemas visuais na revista *Artéria*, entre outras. Vive em São Paulo.

- **Atravessa** (1981)
- **Azul** (1988)
- **Love letter to Gutenberg** (2017)

Tadeu Jungle — 94

[São Paulo, 1956] É roteirista e diretor de cinema, TV e realidade virtual. Foi um dos precursores da videoarte no Brasil. Escreveu para vários jornais e revistas sobre vídeo e televisão. Apresentou e dirigiu programas de TV para a TV Globo, Cultura e Band. Dirigiu o longa-metragem de ficção *Amanhã Nunca Mais*, além de séries e filmes documentais. Realizou videoinstalações para o Museu do Futebol, Museu da Imagem e do Som e Museu do Amanhã. Tem fotografias, videoartes e poemas visuais nas coleções do Museu de Arte Contemporânea (MAC-USP) e do Museu de Arte Moderna de São Paulo. É sócio-fundador da produtora de Realidade Virtual Junglebee, pela qual realizou vários filmes de impacto social. Suas atividades no campo do vídeo sempre estiveram próximas de sua atividade poética, da qual resultam muitas publicações em revistas, instalações e exposições. *Videofotopoesia* (2016) é o livro que reúne seus 30 anos de atividade artística. tadeujungle.com.br

- **Em progresso** (1982)
- **Você está aqui** (1997-2020)
- **Medo** (2009)

Villari Herrmann — 30

[São Carlos (SP), 1943] Formado em Direito, chegou a exercer, por pouco tempo, a função de promotor público. Norteado por um rigor extremo, sua produção poética, em quatro décadas e meia, não atingiu a marca dos vinte e cinco poemas, menos por preguiça que por temor à redundância. Muito embora tenha vivido num momento de proliferação de revistas de poesia no Brasil, com algumas das quais chegou a colaborar (no ano de 1979, editou uma antologia em forma de jornal: *Viva Há Poesia)*, preferiu publicar pequenos livros e fazer edições autônomas de poemas, sempre autofinanciados. Realizou trabalhos que têm sido considerados marcantes, tais como "Koito", "Sombras" e "Oxigenesis", este com projeto gráfico e edição de Julio Plaza.

- **Koito** (1971)
- **Sombras** (1974)
- **Sem título** (1981)

Walter Silveira — 86

[São Paulo, 1955] É profissional de rádio e televisão, diretor de conteúdo e programação. Artista intermídia, realiza projetos autorais e experimentais desde fins dos anos 1970, às vezes aparecendo com o codinome Walt B. Blackberry. Em 1978 iniciou a curadoria independente de várias exposições e eventos de poéticas visuais em São Paulo, Curitiba, Salvador e Belo Horizonte. Realizou, com Arnaldo Antunes, Cid Campos, Lenora de Barros e João Bandeira, o espetáculo multimídia *Poemix BR*. Desde 2013, com curadoria de Daniel Rangel, tem apresentado uma coletânea de seus trabalhos de poéticas visuais na exposição *Palavra Imagem Walt B. Blackberry*, exibida em São Paulo, Brasília e Curitiba. O catálogo dessa exposição registra boa parte de seu trabalho de criação. Vive em Brasília.

- **Hendrix Mandrake Mandrix** (1978-2018)
- **Tentativa** (1978)
- **Nexo** (escultura) (1981-2013)

fontes: **ITC Avant Garde Gothic Pro e Gotham Narrow**
papel: **Papel Couché Fosco 170g**
impressão: **Psi7/Book7**
tiragem: **250 exemplares**